제약회사 취업하기
제약영업 성공하기

제약회사 취업하기
제약영업 성공하기

저자_ 손재현

초판 1쇄 발행_ 2014. 12. 15.
초판 4쇄 발행_ 2018. 10. 17.

발행처_ 삶과지식
발행인_ 김미화
편집_ 박시우(Siwoo Park)
디자인_ 다인디자인(E. S. Park)

등록번호_ 제2010-000048호
등록일자_ 2010-08-23

서울시 강서구 내발산동 742(우편번호 157-931)
전화_ 02-2667-7447
이메일_ dove0723@naver.com

본 도서는 전재 또는 무단 복제를 할 수 없습니다.
파본은 구입하신 서점에서 교환해 드립니다.

값은 표지에 있습니다.
ISBN 979-11-85324-15-9 13320

이 도서의 국립중앙도서관 출판예정도서목록(CIP)은 서지정보유통지원시스템 홈페이지(http://seoji.nl.go.kr)와 국가자료공동목록시스템(http://www.nl.go.kr/kolisnet)에서 이용하실 수 있습니다.
(CIP제어번호 : CIP2014033325)

**제약회사 취업하기
제약영업 성공하기**

손재현 지음

아는 사람에게만 보이는 보물섬 제약 영업에 도전하라.

　필자는 대학교 4학년 2학기에 제약 회사 영업 사원이 되기로 마음먹었다. 이때부터 수많은 제약 회사에 입사 원서를 넣고 면접을 보며, 합격과 불합격을 반복하였다. 마침내 2006년 11월에 필자가 지금 다니는 회사인 코오롱제약에 입사하였다. 명문대 출신도 아니고 남보다 스펙이 월등히 좋지도 않은 필자가 대기업 계열사인 코오롱제약에 합격한 데는 많은 제약 회사에 자기소개서를 제출하고 면접을 치르며 온몸으로 겪은 실패와 좌절의 경험이 한몫을 하였다. 이런 과정을 거치며 인사 담당자나 면접관의 눈에 들려면 어떤 서류와 답변을 준비해야 하는지 알게 되었다.
　필자는 '한별이의 제약 영업 나눔터'라는 네이버 블로그를 운영한다. 이 블로그를 운영하며 제약 회사에 들어가고 싶지만 어떻게 준비할지 모르겠다는 취업 준비생을 수없이 만났다. 이 책이 이런 취업 준비생에게 도움이 되기를 바란다.

  필자는 아주 내성적이다. 과거에는 필자도 영업이란 외향적이고 활달한 사람이 하는 일로 생각하였다. 필자가 제약 영업을 할 줄은 상상하지 못했다. 사실 필자도 병원 앞에서 들어갈까 말까 망설였고 도대체 원장님과 무슨 이야기를 할까 고민했으며 제품 디테일도 제대로 못 하던 신입 사원 시절이 있었다. 하지만 이 모든 것이 지금의 필자를 만든 밑거름이었다. 필자는 시행착오를 겪으며 나만의 정보 수집, 나만의 영업 노트, 나만의 거래처 분석을 하였고 나만의 영업 노하우를 쌓았다. 이러자 제약 영업이 무엇인지 보이기 시작했다. 그 결과 제약 영업 사원의 최고 영예인 전국 실적 1등을 하였고 입사 7년 만에 과장으로 특진하였다. 필자는 운영하는 블로그에서 영업을 고민하는 제약 영업 사원을 많이 만난다. 필자의 시행착오와 노하우가 이들에게 도움이 되기를 바란다.

  제약 영업에는 잘못된 선입견이 있다. 육체적으로 힘들다든지, 의사 선생님이 머슴처럼 비인격적으로 대한다든지, 월급이 적고 승진도 어렵고 실적이 나쁘면 회사에서 내쫓긴다든지 등이다. 하지만 필자가 경험한 제약 영업은 전혀 그렇지 않다. 약을 판매하는 것이 아니라 약 정보를 전달하는 전문직이며, 자유 시간도 많고, 의사 선생님과 형·동생 할 정도로 친하게 지내고, 월급도 많고 다양한 인센티브로 억대 연봉이 가능하고, 관리직으로 갈 길이 열려 있고, 정년까지 다닐 수 있다. 조금만 노력하고 정성을 기울이면 누구나 제약 영업을 즐기고 잘하며 성공이란 꿈을 펼칠 수 있다. 필자도 제약 영업 사원이란 직업에 자부심을 갖고 미래의 멋진 꿈을 펼칠 것이다.

  마지막으로 사랑하는 가족과 제약 업계 선배이자 현직 제약 영업 사원인 사랑하는 아내 경은에게도 감사의 말을 전한다. 그녀의 조언과 격려가 있었기에 필자가 제약 영업의 꿈을 펼칠 수 있었다.

2014년 12월

손재현

차례

머릿말

1장 제약 회사 취업하기

(1) 취업할 제약 회사 정하기

    1. 제약 회사의 종류와 근무 여건 ·13

    2. 제약 회사 취업 시 준비할 것 ·30

    3. 제약 회사 취업 시 주의 사항 ·43

(2) 제약 회사 공채 준비 노하우

    1. 자기소개서 작성 요령 ·48

    2. 성공 면접 노하우 ·52

    3. OJT 요령 ·74

    4. 기타 핵심 포인트 ·76

(3) 합격 Tip

    1. 코오롱 제약 ·83

    2. 일동제약 ·85

    3. 한국먼디파마 ·86

    4. 한국다이이찌산쿄 ·87

    5. 한국유나이티드제약 ·87

    6. 일성신약 ·88

    7. 일양약품 ·89

    8. 한미약품 ·90

9. CJ헬스케어 ·91

10. 대원제약 ·91

11. 동아ST ·92

2장 제약 영업 성공하기

(1) 제약 영업이란?

　　1. 아는 사람에게만 보이는 보물섬, 제약 영업 ·98

　　2. ETC 영업과 OTC 영업의 모든 것 ·101

　　3. 오리지널과 제네릭 제품의 모든 것 ·108

　　4. 디테일의 모든 것 ·111

　　5. 감성 영업의 모든 것 ·119

　　6. 기타 핵심 포인트 ·126

(2) 제약 영업 테크닉

　　1. 디테일 핵심 포인트 ·131

　　2. 원장님을 내 편으로 만드는 필살기 ·137

　　3. 병(의)원 신규 노하우 ·161

　　4. 공격적 제약 영업 테크닉 ·173

　　5. 성과 극대화 전략 ·185

　　6. 돌발 상황 대처법 ·194

　　7. 영업 사원 자기 관리법 ·200

　　8. 필자의 영업 기법 총정리 ·214

(3) 신입 사원이라면

1. 신입 사원 기본 매뉴얼 · 221
2. 병(의)원 신규 6주 완성 · 231
3. 신입 사원 영업 왕 되기 · 234
4. 진료과별 공략법 · 236

1장
제약 회사 취업하기

취업할 제약 회사 정하기

제약 영업을 하기로 마음먹었으면 들어갈 제약 회사를 정해야 한다. 수많은 제약 회사 가운데 어느 회사를 선택할까? 규모가 크거나 귀에 익숙한 회사라고 반드시 좋은 것이 아니다. 무엇보다도 자신의 성향과 맞는 회사를 정해야 한다. 주변에 제약 업계에 종사하는 사람이 있으면 속 깊은 조언을 들을 수 있겠지만, 그런 사람이 없으면 실제 사정을 알기가 어렵다. 따라서 제약 업계와 해당 회사의 현실을 알려줄 사람을 찾고 스스로도 꼼꼼히 조사해야 한다.

1. 제약 회사의 종류와 근무 요건

필자는 취업 준비생에게 자신이 지원하는 회사를 어떻게 생각하느냐는 질문을 자주 받는다. 처음 듣는 회사나 취업을 말리고 싶은 회사도 있다. 대한민국에는 형태가 다양한 약 300개 이상의 제약 회사가 있다. 법인의 국적에 따라 외국계 제약 회사와 국내 제약 회사로 나눌 수도 있고, 매출의 크기에 따라 메이저 및 중견, 영세 제약 회사로 나눌 수도 있다. 또 제약 회사라는 이름만 붙였지 실제는 약 대신 건강식품을 생산하는 경우도 있고 도매상인 경우도 있다. 약을 만드는 제약 회사라도 ETC에 집중하는 회사가 있고 OTC에 집중하는 회사가 있다.

첫 직장은 아주 중요하다. 첫 직장이 좋아야 그곳에서 능력을 발휘할 수 있고 더 좋은 회사로 옮길 수도 있다. 필자는 이런 뜻에서 ETC 영업을 하려는 취업 준비생에게 매출이 1,000억 이상인 메이저 및 중견 제약 회사, 이 가운데서도 블록버스터 제품이 많고 병(의)원에서 인지도가 있는 회사를 추천한다. 실제로 영업하면 알겠지만 제약회사의 인지도는 몹시 중요하다. 원장님 가운데는 제약회사의 인지도를 보고 영업사원을 만나거나 제품을 처방하는 사람이 많다. "난 이름 없는 제약회사 약은 안 써!"라고 말하는 원장님도 있다.

다음은 ETC 영업을 활발히 하고 병(의)원에서 인지도가 있는 국내 제약 회사이다. 이 정도 회사이면 첫 직장으로 선택해도 무난할 것이다. 유한양행, 대웅제약, 녹십자, 일동제약, 한미약품, 동아ST, 종근당, 제일약품, JW중외제약, JW중외신약, 한독, 보령제약, 동화약품, 신풍제약, SK케미칼, LG생명과학, CJ헬스케어, 코오롱제약, 삼진제약, 영진약품, 대원제약, 안국약품, 경동제약, 부광약품, 명인제약, 한림제약, 환인제약, 한국유나이티드제약, 국제약품, 현대약품, 태준제약, 명문제약, 삼천당제약, 건일제약, 삼아제약, 일성신약, 유영제약, 휴온스, 한올바이오파마, 동구바이오제약, 일양약품, 삼일제약, 대화제약, 한화제약, 한국팜비오, 이연제약 등(나열 순서의 의미는 없고 필자의 개인적인 추천일 뿐이다).

취업할 제약 회사를 정하는 기준

들어갈 제약 회사를 정할 때는 회사의 현실과 비전, 처우, 근무 환경 등을 꼼꼼히 조사하고 신중히 선택해야 한다. 그래야 나중에 후회하지 않는다.

제약 회사나 비전을 볼 때는 다음 사항을 살펴야 한다. 첫째, 매출과 이익을 보아야 한다. 매출 규모나 매출 순위가 높다는 것은 회사 규모가 크고 직원이 많다는 뜻이다. 매출이 적은 회사보다 기회가 많다. 하지만 매출이 많아도 영업이익이나 순이익이 적자라면 문제가 있다. 회사가 적자인데 투자나 직원 처우가 좋을 수 없다. 재무 구조가 탄탄한 회사를 골라라. 둘째, 제품력이 우수한 회사가 좋다. 그래야 영업이 수월하고 비전이 있다. 오리지널 제품이 많으면 좋고 제네릭 제품[1]이라도 루틴으로 처방하는 약이 많으면 좋다. 또 블록버스터 제품이 있으면 금상첨화이다. 회사가 주력하는 진료과가 어디인지도 살펴라. 셋째, 인지도가 높은 회사가 좋다. 사람들은 광고를 많이 하는 제약 회사를 잘 안다. 하지만 이렇게 대중에게 인지도가 높은 것이 아니라 의사나 업계에서 인지도가 높은 것이 중요하다. 넷째, 미래지향적 회사를 선택해야 한다. 미래를 준비하는 회사는 연구 개발(R&D) 투자가 많다. 신약 개발 없이 오로지 복제 약으로 영업하는 회사는 다시 생각하기 바란다. 돈 영업은 절대로 오래가지 못한다.

처우를 볼 때는 다음 사항을 살펴야 한다. 첫째, 연봉은 당연히 많을수록 좋다. 하지만 초봉이 높다고 무조건 좋은 것이 아니라 직급이 오

---
1. 신약으로 개발한 약이 특허 기간이 만료되어 다른 회사가 동일 성분으로 생산하는 약

르면 꾸준히 많이 오르는 구조가 좋다. 또 회사에서 말하는 연봉에 퇴직금이 포함되었는지도 살펴야 한다. 둘째, 일비가 얼마인지도 보아야 한다. 일비란 제약 회사에만 있는 보수로 영업 사원이 근무하는 날마다 받는 수당이다. 보통은 3~7만원이고 2만5천 원 미만은 적은 편이다. 셋째, 회사가 인센티브로 이익을 직원과 나누는 회사가 좋다. 인센티브는 영업 사원에게 제2의 월급이다. 지원하는 회사에 인센티브 종류와 금액이 많은지 살펴라. 넷째, 직원이 누리는 복지 환경도 살펴야 한다. 회사는 직원에게 유류비나 통신비, 주차비, 톨게이트비, 숙박비, 휴가비, 어학 교육 및 자기 개발 비용, 자녀 학자금, 경조사비, 콘도 이용권, 출산 휴가, 직장 유치원, 복지 카드, 저금리 대출, 상조회 운영, 건강검진, 명절 및 근로자의 날 선물, 생일 및 입사일 선물 등을 지원한다. 외국계 제약 회사만 복지 환경이 좋은 것이 아니다. 국내 제약 회사도 외국계 제약 회사 못지않은 곳이 많다. 다섯째, 10년 넘게 근무한 장기 근무 영업 사원이 많은 회사가 좋다. 근속 연수가 길다는 것은 직원 만족도가 높고 이직률이 낮다는 뜻이다.

  근무 환경도 중요하다. 매일 회사로 출퇴근하는 회사도 있고 영업 현지로 출퇴근하는 회사도 있고 영업 사원이 병(의)원을 제대로 방문하는지 PDA 콜 관리를 하는 회사도 있다. 병(의)원 영업만 하는 회사도 있고 약국과 직거래하여 직접 수금해야 하는 회사도 있다. 판매 실적을 산정하는 방법도 회사마다 다르다. 또 회사마다 분위기가 다르다. 굉장히 보수적인 회사가 있고 지시가 일방적으로 내려오는 회사가 있고 직원과 소통하는 회사가 있다. 입사하기 전에 회사 분위기를 파악하라. 근무 환경이나 회사 분위기가 마음에 들지 않아 회사를 그만두는 사람도 많다.

한편 수시로 채용 공고가 나거나 평판이 좋지 않은 회사, 처음 듣는 회사는 입사에 신중하고 선배에게 그 이유를 물어보아라.

제약 회사 직급별 연차 및 세전 기본 연봉

제약 회사에서 일하면 시간이 지날수록 진급을 하고 연봉이 오른다. 물론 언제나 쉽게 진급하는 것은 아니다. 대리까지는 비교적 수월하게 진급하지만 과장 이후에는 경쟁이 아주 치열하다. 영업 실적, 회사 안 조직 친화도, 좋은 이미지 등을 갖춰야 한다. 신입 사원으로 들어와 어떤 경로를 밟는지 살펴보자. 제약 회사마다 사정이 다르니 참고하라.

입사~3년차: 사원 또는 주임(외국계 제약 회사는 3년차 이하 경력을 선호), 연봉 3,600만 원가량

4~8년차: 대리(이직을 가장 많이 하는 직급), 연봉 4,600만 원가량

9~12년차: 과장(관리직으로 올라갈 준비를 해야 할 직급), 연봉 5,600만 원가량

13~16년차: 차장(팀장이나 지점장, 관리직), 연봉 6,600만 원가량

17년차~정년: 부장(사업 부장), 연봉 7,600만 원가량

부장 이후: 임원(본부장, 1~2년 단위로 계약함), 연봉 1억 원 이상

외국계 제약 회사를 선호하는 이유

많은 취업 준비생이 다음과 같은 까닭으로 외국계 제약 회사를 선호한다. 하지만 외국계 제약 회사는 채용이 많지 않고 입사 조건도 까다로우므로 많은 준비와 노력이 필요하다.

외국계 제약 회사는 (1)몇 개의 오리지널 제품으로 집중 영업을 한다. (2)국내 제약 회사보다 연봉과 일비가 많다. (3)영업 사원의 활동을 아낌없이 지원한다. 주차비나 톨비 등을 모두 실비 정산한다. (4)문화가 직원 중심이고 복리후생이 좋다. 12월 말이면 직원들이 자유롭게 휴가를 쓰는 경우도 많고 자기 개발비를 지급하는 회사도 있다.(5)공부도 많이 하고 학술적이고 전문적인 영업을 한다. (6)인지도가 높다. GSK나 MSD, 화이자 등 회사 이름만으로 영향력을 발휘한다. (7)직원의 자부심이 대단하다. (8)이직률이 낮다. 제약 영업 사원이라면 누구나 입사하고 싶고 근무 환경이 최고인데 쉽게 회사를 떠나겠는가? (9)약국 직거래를 하지 않으므로 병(의)원에만 집중하면 된다. (10)국내 제약 회사보다 실적 압박이 덜하다. 월초 통계도 잘 안 뽑고 약국 직거래가 없으므로 밀어 넣기(오시우리) 등 월말 마감 스트레스가 덜하다.

제약 회사 평준화 시대

"A 제약 회사와 B 제약 회사, C 제약 회사 가운데 어느 곳이 좋나요? 순위를 알려주세요?"라는 질문을 필자가 많이 받는다. 이런 질문을 받으면 난감하다. 필자는 10년 동안 제약 영업을 하며 제약 회사가 어느 정도 평준화하고 있다고 생각한다.

보통 취업 준비생은 유한양행이나 녹십자, 대웅제약 같은 메이저 제약 회사가 무조건 좋은 회사라고 생각한다. 하지만 매출 규모만 보고 판단하면 안 된다. 메이저 제약 회사가 매출은 최고일지 몰라도 모든 조건에서 우수한 것은 아니다. 다른 중견 제약 회사에는 있지만 메이저 제약 회사에는 없는 것도 있다. 다른 중견 제약 회사가 메이저 제약 회사보다 복지 면에서 뛰어날 수도 있고, 메이저 제약 회사가 약한 진료과에 강할 수도 있다. 또 직원 인센티브 정책이 더 좋은 회사도 있다. 이처럼 최상위 메이저 제약 회사라도 무조건 좋다고 말할 수는 없다. 제약 회사마다 강점이 있으니 꼼꼼히 살펴야 한다.

메이저 제약 회사에 들어가면 영업이 쉽다고 생각하지만 어느 진료과에 특성화되었는지도 살펴야 한다. 예를 들어 메이저 제약 회사가 내과에는 강세이지만 정형외과에는 신풍제약이 강세일 수 있고 소아청소년과에는 코오롱제약이 강세일 수 있고 정신건강의학과에는 환인제약이 강세일 수 있다. 또 백신 부분에 강한 제약 회사가 경구제 처방 부분은 약세를 보이는 경우도 있다.

좋은 것이 있으면 부족한 것이 있다. 물론 하위권 제약 회사와는 차이가 있겠지만 단순히 매출 규모만 보지 않고 여러 부분을 따져볼 때 중견 제약 회사는 어느 정도 평준화하였다. 따라서 메이저 및 중견 제약 회사는 절대 강자가 없는 상태에서 뺏고 뺏기는 전쟁을 벌인다.

진료과별 강세 제약 회사

정신건강의학과 - 환인제약, 명인제약

안과 - 태준제약, 국제약품, 유니메드제약, 삼천당제약, 한림제약

피부과 - 한국콜마, 동구바이오제약, 휴온스, 중외신약

소아청소년과 - 코오롱제약, 삼아제약, 건일제약, 한미약품, 대웅제약

내과 - 경동제약, 대원제약, 종근당, 동아ST, 일동제약, 안국약품, CJ헬스케어, LG생명과학, SK케미칼, 제일약품, 유한양행, 한미약품, 대웅제약, 한올바이오파마, 보령제약, 한독

이비인후과 - 코오롱제약, 안국약품, 보령제약, 일성신약, 한국유나이티드제약, 영진약품, 한미약품, 대웅제약

정형외과 - 신풍제약, 유영제약, LG생명과학

가정의학과 - 모든 제약 회사

의원 - 모든 제약 회사

백신 - 녹십자, SK케미칼, 보령제약, 유한양행(프리베나), 한국백신

수액 - 중외제약, 대한약품

조영제 - 이연제약, 동국제약, 태준제약

※ 대부분 국내 제약 회사는 특정 진료과에 영업하기보다 다양한 진료과에서 영업한다.

현명한 이직과 최근 이직 트렌드(Trend)

제약 영업을 이직률이 높은 직업으로 생각하는 사람이 많지만 실제는 그렇지 않다. 과거에는 업계가 호황이라 채용과 스카우트가 많았을지 몰라도 요즘은 채용도 많지 않고 리베이트 투아웃제 영향으로 업계

가 위축되었다. 따라서 회사를 옮기려는 사람보다 한 회사에서 오랫동안 안정적으로 일하려는 제약 영업 사원이 많다. 이직할 때는 신중해야 한다. 단순히 연봉 탓이라면 말리고 싶다. 한 달에 20~30만 원 더 받는 것은 의미가 없다. 일을 잘하여 인센티브를 받는 것이 훨씬 좋다. 목표와 꿈을 업그레이드하는 이직이 아니면 첫 직장에서 오래 근무하는 것을 추천한다.

그래도 회사를 옮기는 사람이 나온다. 이직하는 까닭은 다음과 같다.

첫째, 실적이 나쁘거나 상사와의 불화 등으로 어쩔 수 없이 회사를 떠나는 경우이다. 실적이 나쁘면 제약 영업 사원으로 버티기 어렵고 실적이 좋아도 보수적이고 서열 중심적인 회사에서 상사와 불화가 있으면 버티기 어렵다.

둘째, 실적이 좋은 영업 사원이 스카우트 제의나 추천을 받고 능력을 업그레이드하려고 규모가 큰 외국계 제약 회사나 메이저 제약 회사로 옮기는 경우이다. 하지만 국내 제약 회사에서 다른 국내 제약 회사로 옮기는 것은 큰 의미가 없다. 국내 메이저 제약 회사나 중견 제약 회사는 연봉과 복지, 일비 등이 비슷하고, 회사도 매출 규모에 차이가 있을 뿐 현장에서의 영업력은 차이가 없다. 예를 들어 안국약품에서 유한양행으로 이직하는 것이 무슨 의미가 있겠는가? 그냥 안국약품에 계속 다니며 일등 하는 것이 낫다. 단, 국내 몇몇 하위권 제약 회사에서 메이저 제약 회사나 중견 제약 회사로 옮기는 것은 현명할 수 있다. 이런 경우는 자신의 가치를 높일 수 있으면 이직도 권장한다. 몇몇 하위권 제약 회사와 메이저 및 중견 제약 회사는 연봉, 일비, 제품력, 영업력 면에서 차이가 크다.

셋째, 요즘은 이직 트렌드가 달라졌다. 리베이트 투아웃제 이후에는 메이저나 중견 제약 회사에 다니는 실적 좋은 영업 사원이 지금 회사보다 명성과 제품력이 떨어지는 제약 회사로 옮기는 일이 늘었다. 과거와는 다른 모습이다. 리베이트 투아웃제가 실시되자 상위권 제약 회사는 준법 경영을 선언하며 준법에 어긋나는 마케팅 정책을 완전히 없앴다. 이제는 제품력과 영업력만으로 영업해야 한다. 솔직히 능력이 뛰어난 영업 사원도 이런 환경에서는 영업이 어렵다. 그래서 실력 있는 영업 사원이 대거 하위권 제약 회사로 이직하고 있다. 몇몇 하위권 제약 회사는 아직도 불법 가능성이 마케팅 정책을 펼치기 때문이다.

하지만 취업 준비생은 이런 이직 트렌드를 받아들이지 말고 메이저, 중견 제약 회사나 제품력이 있는 제약 회사, 발전 가능성이 있는 제약 회사, R&D 투자가 많은 제약 회사를 첫 직장으로 선택하라. 이런 회사에서 일등을 목표로 달려라. 또 회사에 들어가면 애사심과 목표 의식을 가지고 일해야 한다. 팀장의 리더십에 불만을 가지고 팀 단합을 해치며 '잘리면 딴 회사 가지!'라는 마인드로 일하면 안 된다.

2015년 제약 회사 매출 순위 (단위: 백만 원) 〈자료: 메디파나뉴스〉

순위	회사명	매출액	순위	회사명	매출액
1	한미약품	1,317,535	83	코오롱제약	73,510
2	유한양행	1,128,731	84	보령바이오파마	72,936
3	녹십자	1,047,812	85	한국엘러간	71,912
4	광동제약	955,480	86	바이넥스	71,138
5	대웅제약	839,686	87	한국프라임제약	70,796
6	한미사이언스	776,629	88	프레지니우스카비코리아	66,789
7	동아소시오홀딩스	704,735	89	갈더마코리아	66,739
8	한국화이자	647,426	90	풍림무약	63,603
9	제일약품	594,716	91	삼양바이오팜	62,634

10	종근당	592,493	92	한국애브비	62,322
11	동아에스티	580,997	93	고려은단	61,824
12	일동제약	476,385	94	일성신약	61,745
13	CJ헬스케어	463,114	95	우리들제약	60,405
14	한국노바티스	455,269	96	한국파마	60,058
15	LG생명과학	450,526	97	삼아제약	59,658
16	JW중외제약	434,352	98	한국유씨비제약	59,506
17	보령제약	401,350	99	한국쿄와하코기린	57,994
18	동아제약	363,575	100	한화제약	57,887
19	한독	358,448	101	하원제약	55,968
20	한국로슈	321,777	102	태극제약	54,955
21	글락소스미스클라인	309,299	103	사노피파스퇴르	54,135
22	한국아스트라제네카	306,779	104	한국메나리니	52,348
23	바이엘코리아	300,215	105	구주제약	52,259
24	사노피아벤티스코리아	284,058	106	대우제약	52,010
25	동국제약	259,930	107	한국팜비오	51,845
26	한국존슨앤드존슨메디칼	246,561	108	신신제약	51,614
27	휴온스	245,021	109	덕산약품	51,089
28	한국베링거잉겔하임	235,551	110	조아제약	50,151
29	한국얀센	226,475	111	국전약품	49,089
30	동화약품	223,201	112	콜마파마	49,019
31	삼진제약	216,511	113	고려제약	47,391
32	대원제약	216,187	114	한국페링제약	45,971
33	안국약품	197,762	115	서울제약	44,731
34	신풍제약	195,950	116	신일제약	44,703
35	일양약품	186,285	117	한국유니온제약	44,190
36	박스터	180,717	118	삼성제약	42,165
37	경보제약	178,033	119	위더스제약	41,640
38	한국애보트	172,102	120	비씨월드제약	41,415
39	머크	171,033	121	슈넬생명과학	40,324
40	영진약품	170,203	122	진양제약	40,260
41	대웅바이오	168,271	123	경남제약	39,087
42	알보젠코리아	165,837	124	영일제약	35,558
43	유나이티드제약	162,046	125	영풍제약	35,223
44	경동제약	151,893	126	한국룬드벡	34,783
45	환인제약	145,397	127	한국산도스	34,275
46	부광약품	142,132	128	아산제약	33,607
47	유한화학	140,863	129	삼익제약	33,053
48	명인제약	140,849	130	알리코제약	32,986

49	대화제약	139,080	131	한국세르비에	32,654
50	에스티팜	138,052	132	성광제약(퍼슨)	32,033
51	한국오츠카제약	136,363	133	메디가코리아	30,637
52	삼천당제약	132,062	134	유케이케미팜	30,036
53	한림제약	130,702	135	넥스팜코리아	30,005
54	JW생명과학	125,950	136	다림바이오텍	29,346
55	명문제약	125,101	137	한국피엠지제약	29,131
56	대한약품	124,276	138	한국코러스제약	28,162
57	코오롱생명과학	121,175	139	게르베코리아	27,730
58	국제약품	117,637	140	한국신약	27,403
59	이연제약	114,507	141	CMG제약	27,042
60	유니메드제약	111,349	142	초당약품공업	24,554
61	현대약품	109,829	143	한국파비스제약	24,513
62	하나제약	108,255	144	함소아제약	23,700
63	종근당바이오	106,691	145	이니스트바이오제약	22,867
64	화일약품	106,130	146	파마킹	21,044
65	얀센백신	101,861	147	한국바이오켐제약	20,745
66	한국알콘	99,602	148	셀티스팜	15,188
67	유영제약	97,179	149	영동제약	14,837
68	태준제약	94,458	150	호스피라코리아	14,624
69	대한뉴팜	90,230	151	엠지	14,481
70	삼오제약	89,952	152	익수제약	14,323
71	한미정밀화학	89,136	153	정우신약	14,110
72	삼일제약	88,136	154	삼남제약	13,605
73	건일제약	85,374	155	유한메디카	13,269
74	동광제약	83,459	156	SK바이오팜	11,951
75	동구바이오제약	80,369	157	경방신약	10,021
76	한국휴텍스제약	80,342	158	케이엠에스제약	9,525
77	한올바이오파마	80,023	159	한국웨일즈제약	9,226
78	젠자임코리아	77,103	160	아이월드제약	9,083
79	노보노디스크제약	77,014	161	에스에스팜	7,669
80	JW신약	76,945	162	나노팜	7,447
81	셀트리온제약	74,732	163	한국인스팜	7,389
82	동성제약	74,660	164	크라운제약	5,663

OTC 영업, 도매 영업, 의료기기 영업

처음에 OTC 영업이나 도매 영업, 의료기기 영업으로 시작했다가 제약 회사 ETC 영업으로 이직하면 경력을 인정받느냐는 질문도 필자가 자주 받는다. 정답은 'No'이다. 특별한 사정이 없는 한 경력을 전부 인정받기가 어렵다. 까닭은 간단하다. 제약 영업을 잘 모르는 사람은 이들의 영업 방식이 모두 비슷하다고 생각하겠지만, ETC 영업은 OTC 영업이나 도매 영업, 의료기기 영업과는 영업 방식이 다르다. ETC 영업은 병(의)원에서 전문 의약품 디테일 영업을 한다. 제품의 특징과 장점, 정보를 전달하고 처방까지 연결해야 한다. OTC 영업은 약국에서 일반 의약품을 디테일하고 판매까지 연결해야 한다. 의료기기 영업은 병(의)원에서 의료기기를 설명하고 판매까지 연결해야 한다.

요즘은 제약 회사 취업이 무척 어렵다. 따라서 아무 곳이나 들어가 경력을 쌓은 후 기회가 있으면 더 나은 곳으로 옮기려는 사람이 많다. 하지만 필자는 한 우물을 파기를 권한다. 병(의)원에서 경력을 쌓고 싶으면 처음부터 ETC 영업에 도전하고, 약국에서 경력을 쌓고 싶으면 처음부터 OTC 영업에 도전하고, 도매 업체에서 경력을 쌓고 싶으면 처음부터 도매 영업에 도전하고, 의료기기 업체에서 경력을 쌓고 싶으면 처음부터 의료기기 영업에 도전하라. 한편 OTC 영업이나 도매 영업, 의료기기 영업을 했던 경력이 ETC 영업으로 이직할 때 모두 경력으로 인정되지는 않지만 자기소개서나 면접에서 좋은 평가를 받거나 나중에 영업하는 데 도움이 될 수는 있다.

도매 업체와 도매 영업

취업 준비생 가운데는 제약 회사와 도매 업체를 구분하지 못하는 사람도 많다. 둘은 완전히 다른 영역이다. 국내에는 도매 업체가 아주 많다. 이 가운데 메이저급인 지오영은 매출액이 1조 원을 넘었고 백제약품도 6천억 원대의 매출을 올렸다. 그 밖에도 중견 도매 업체, 영세 도매 업체, 개인 도매상 등이 있다. 도매 업체가 난무한 탓에 수익성이 나빠 매출이 2천억 원대인 송암약품도 경영 위기로 폐업하였다.

도매 영업은 크게 세 가지로 나눌 수 있는데 유통 도매와 병원 입찰 도매, 품목 도매이다. 유통 도매는 병(의)원 디테일 영업을 하지 않고 주로 약국 영업을 한다. 약국을 신규 및 유지하며 전문 의약품과 일반 의약품을 판매하고 배송하고 수금하는 일을 한다. 병원 입찰 도매는 국공립병원, 종합병원에서 쓰는 원내 의약품을 입찰을 통해 공급하는 일을 한다. 품목 도매는 주로 로컬의 병(의)원에서 영업하는데 제약 영업 사원처럼 제품을 디테일하며 병(의)원 신규를 한다. 여러 제약 회사의 제품을 가지고 영업하고, 약국에서도 판매하고 수금하는 일을 한다. 제약 회사에 오래 근무하고, 여러 원장님 및 약사님과 충분한 인맥을 쌓은 다음에 퇴직하여 품목 도매 업체를 차리는 사람도 많다.

제약 회사에 취업하기 전에 취업 준비생이 알아야 할 것

제약 회사에 들어가려는 취업 준비생이라면 다음과 같은 사항을 반드시 알아야 한다. 이런 기본적인 것도 모른 채 제약 회사에 지원하는 것은 회사와 면접관에 대한 예의가 아니다. 또 제약 회사는 이런 것도 모르는 지원자를 절대로 합격시키지 않는다.

첫째, 제약 영업이 무엇인지 알아야 한다. 제약 영업을 하겠다며 "약을 누구에게 팔아요? 약을 병(의)원에 배달해요? 약국에 배달해요? 약을 얼마나 팔아야 해요?" 같은 질문을 하는 취업 준비생도 많다. 해당 직종에 지원하려면 최소한 그 직종이 움직이는 메커니즘이나 쓰이는 기본 용어는 알아야 한다. 하지만 ETC나 OTC, 로컬이나 종병이 무엇을 뜻하는지 모르는 사람도 있다. 심지어 "OTC 회사에 합격했는데 병원 영업을 하나요? 약국 영업을 하나요?"라고 묻는 사람도 있었다.

둘째, 지원하는 회사를 알아야 한다. 회사의 업계 순위가 어느 정도인지, 주력 제품이나 주력 진료과가 무엇인지 정도는 알아야 한다. 이런 기본적인 것도 모르고 지원하면 운이 좋아 합격하더라도 자신이 생각했던 회사가 아니라 바로 그만두는 일이 생길 수 있다. 또한 삼아제약을 삼아약품으로, 태준제약을 태전약품으로, 한미약품을 한미제약으로 부르는 등 지원하는 회사 이름도 모르는 사람이 수두룩하다.

셋째, 아직 시작도 안 했는데 지레 겁부터 먹으면 안 된다. 제약 회사에 합격하지도 않았고 현장에서 일한 적도 없는데 겁을 잔뜩 먹은 사람도 많다. 아마 주위에서 안 좋은 이야기를 들었을 것이다. 그러면서도 제약 영업을 하고 싶다고 말한다. 하지만 이런 마음가짐은 면접관의 눈에 보이기 마련이다. 시작도 안 해보고 다른 사람 이야기에 걱정하는 것은 바보 같은 짓이다. 자신 있게 도전하라. 제약 영업은 보람과 비전이 있는 직업이다.

현역 영업 사원을 만나라.

필자가 제약 회사에 들어왔을 때보다 요즘은 채용 공고가 뜸하다. 앞으로는 공채가 더 줄 것 같다. 또 공채가 있더라도 뽑는 인원이 많지 않을 것이다. 제약 회사 입사 경쟁이 더 치열해진다는 뜻이다. 이럴 때는 나만의 정보가 필요하다.

고급 정보를 줄 사람은 지원하려는 회사에 다니는 제약 영업 사원이다. 다른 회사에 다니는 사람에게 "이 회사 어때요? 저 회사 어때요?"를 백번 묻는 것보다 지원하려는 회사의 영업 사원을 한 번 만나는 것이 효과적이다. 영업 사원을 만나면 회사 분위기, 회사가 주력하는 제품, 회사의 최근 이슈, 회사가 원하는 인재상, 면접관의 성향 등을 자세히 알 수 있다. 이런 것을 바탕으로 자기소개서와 면접을 준비해야 한다. 필자에게도 필자를 만나 입사를 준비하고 필자가 다니는 회사에 들어온 후배가 있다. 취업은 준비와 노력의 결과이다. 실례가 안 되는 범위에서 영업 사원을 만나도록 최선을 다하라. 단, 일도 못하고 회사에 불만이 가득한 영업 사원을 만나면 안 된다.

지점이란 작은 왕국도 있다.

취업 준비생이 회사 문화가 군대식인지, 가족적인 분위기인지, 일이 힘든지 궁금한 것은 당연하다. 물론 제약 회사마다 독특한 분위기가 있다. 회사의 색깔도 회사 오너의 스타일을 따르기 때문이다. 하지만 취업 준비생이 중요하게 여기는 회사 분위기 말고도 지점 분위기라는 것이 있다. 예를 들어 A 제약 회사는 현지 출퇴근이 원칙이지만 강북 지점은 실적이 나빠 사무실 출퇴근일 수도 있다. B 제약 회사는 분위기가 가족적이라고 알려졌지만 강남 지점은 지점장이 장교 출신이라 군대 분위기일 수도 있다. 어떤 지점장을 만나느냐에 따라 분위기가 다르다. 지점장을 잘 만나 편안할 수도 있고 지점장과 코드가 안 맞아 고생할 수도 있다. 필자는 "지점에 있는 한 선배가 회식 때마다 머리를 때린다. 그런데 위 선배들은 참으라고만 한다."라는 고민을 들은 적이 있다.

회사는 큰 왕국이고 지점은 작은 왕국이다. 큰 왕국의 오너가 작은 왕국의 내부를 자세히 보기란 쉽지 않다. 아무리 좋은 제약 회사라도 작은 왕국에서 다른 직원과 관계가 나쁘면 오래 근무하기 어렵다. 작은 왕국에서 적이 생기면 아무리 실적이 좋아도 힘없는 사람이 나가게 된다. 이것이 직장 생활이다. 취업 준비생은 평판이 좋은 회사를 찾고 그 회사에 들어가면 끝이라 생각하지만 그렇지 않다. 지점에 가서 잘 적응하고 대인 관계를 잘 해야 한다.

순환 보직 제도

요즘 제약 회사는 직원이 다양한 직무를 경험하는 것이 개인과 회사 발전에 기여한다고 생각하여 순환 보직 제도를 적극 도입하고 있다. 특히 코오롱제약, SK케미칼, CJ헬스케어, LG생명과학 같은 대기업 계열 제약 회사는 직원이 다양한 경험을 하도록 프로그램을 만들어 운영한다. 상위권 제약 회사도 순환 보직 제도를 적극 도입하였다. 일동제약은 2011년부터 삼 년 이상 근무자를 대상으로 본격적으로 시행하였고, 대웅제약은 2013년 4월에 2005년부터 일부 시행하였던 CDP[2]를 전사적으로 도입하였고, 한미 약품은 종병 영업 사원과 로컬 영업 사원을 맞바꾸고 권역을 세분화하여 인력을 재배치하는 등 대대적인 순환 보직을 단행하였다.

하지만 원한다고 누구나 순환 보직을 하는 것이 아니다. 해당 직무와 관련한 자질과 역량 등을 고려한다. 제약 영업 사원은 먼저 실적이 좋아야 한다. 실적이 나쁘면 원하는 부서에 가지 못하니 영업하는 동안 최고 실적을 내야 한다. 또 회사 내 인맥도 중요하니 여러 부서 직원과 두루두루 친하게 지내라. 누군가가 나를 추천하거나 데려갈 수 있다. 회사 내 이미지가 중요하니 남에게 양보하고 솔선수범하는 이미지를 만들어 놓아라.

2. 제약 회사 취업 시 준비할 것

세상에 준비 없이 이루어지는 일은 없다. 아무리 작은 것이라도 얻으려면 많은 노력이 필요하고 겉보기에 행운처럼 보이는 일도 들여다보면 많은 준비가 들어 있다. 하지만 무작정 혼자서 무엇인가에 몰두하는 것은 준비가 아니다. 노력과 준비에도 전략이 필요하다. 그럼 제약 회사에 취업하려면 어떤 준비를 해야 하는지 알아보자.

---

2. Career Development Program

스펙이 필요한가?

제약 회사에 들어가려면 스펙이 반드시 필요할까? 대답은 'No'이다. 제약 회사는 의사에게 제품 정보를 정확하게 전달하고 디테일을 잘하는 사람을 원하지 무조건 스펙만 높은 사람을 원하지 않는다. 따라서 스펙이 낮더라도 얼마든지 제약 영업에 도전할 수 있다. 제약 회사 취업에는 자기소개서와 면접의 비중이 상당히 크다. 자기소개서를 잘 쓰고 면접에서 자신을 강하게 호소하면 누구나 합격할 수 있다. 필자도 스펙이 보잘 것 없었지만 당당히 합격하여 지금까지 회사 생활을 잘 하였다.

그렇다면 스펙은 전혀 도움이 되지 않는가? 대답은 'No'이다. 요즘은 취업문이 정말로 좁다. 따라서 스펙이 지원자의 가치를 높이는 경쟁력 있는 무기가 될 수 있다. 즉 스펙이 합격과 불합격을 결정하는 중요한 열쇠가 아니지만 부가적인 요소일 수는 있다. 다른 조건이 같으면 스펙이 좋은 사람이 플러스 점수를 받는다. 한편 회사에 따라 스펙이 필수 조건인 경우도 있으니 지원하기 전에 반드시 확인해야 한다. 어학 점수 몇 점 이상과 같은 조건을 제시하는 곳도 있다.

필요한 자격증

필자가 취업 준비생을 만날 때마다 듣는 질문이 "제약 회사에 들어가려면 어떤 자격증이 필요합니까?"이다. 제약 회사 합격에 당락을 결정하는 자격증은 없다. 제약 영업이란 말 그대로 자신의 영업력으로 실적을 내고 평가받는 직종이다. 따라서 자격증은 필수 사항이 아니다. 단지 자격증을 보며 면접관이 지원자가 학창 시절을 알차게 보냈다고 평가할 수는 있다. 반대로 자격증 칸이 하얗게 빈 서류를 보며 면접관이 그 사람이 아무 일도 하지 않고 학창 시절을 보냈다고 생각할 수도 있다.

  수많은 자격증이 있겠지만 다음과 같은 자격증을 예로 들 수 있다. 제약 영업에 직접 도움이 될 만한 것으로 MR[3] 자격증이 있다. MR 인증 제도는 한국제약협회가 제약 영업 사원에 필요한 최소한의 지식을 필기시험으로 확인하고 자격증을 주는 것이다. 비용은 교재와 응시료를 포함하여 50만 원가량이고 과목은 질병과 치료, 약제/약리학, 약전/의약개론, 마케팅/영업 등이다. 공부할 분량이 많고 시험도 상당히 어렵다. 보통 개인적으로 시험을 치르는 경우는 드물고 입사한 다음에 단체로 시험을 치르는 경우가 대부분이다. 하지만 이론과 실제는 항상 차이가 있기에 자격증 따기가 생각보다 어렵고, 실제 영업에는 큰 도움이 안 된다. 제품 지식을 습득하고 이해하는 데 도움이 되는 정도이다. MR 자격증이 없어도 제약 회사에 들어와 회사 교육과 프로그램을 통해 취득할 수 있다. 필자도 회사에 들어와서 MR 자격증 시험을 보았다.

  운전면허증은 실제 영업에 활용하므로 필요할 수 있다. 차 없이 영업하는 사람도 많지만, 필자는 로컬 영업에는 차가 꼭 필요하다고 생각한다. 기온이 영하로 내려가는 겨울에 차 없이 일하는 것은 영업 사원에게 체력적으로 힘든 일이다. 한편 대학생이라면 누구나 토익 및 오픽,

---

3. Medical Representative

토스 점수를 딸 것이다. 필자가 입사하였던 2006년에는 제약 회사도 토익 점수가 높은 지원자를 선호하였다. 하지만 지금은 지원자의 스펙 수준도 오르고 토익 및 오픽, 토스 점수가 평준화되었기에 이들 점수가 당락을 정하지는 않는다. 하지만 다른 조건이 모두 비슷하다면 플러스 요인이 될 것이다. 요즘은 제약 영업 사원이라고 영업만 하는 것이 아니다. 다재다능한 만능 인간이 되어야 한다. 또 나중에 관리직이 된다면 프레젠테이션(PT)에 능하고 파워포인트나 엑셀 등을 잘 해야 한다. 이런 것들이 모두 경쟁력이다. 따라서 이런 사무화기기 자격증이 있으면 앞날을 준비한 사람으로 보일 것이다.

자격증보다 중요한 것은 자신이 딴 자격증을 포부와 결합시키는 능력이다. 필자는 HAM이란 아마추어 무선기사 자격증이 있다. 면접 때도 이 자격증을 거론하며 어릴 적부터 많은 사람과 대화하였기에 커뮤니케이션 능력이 탁월하다고 호소하였다. 제약 영업과 직접 관련이 없는 자격증이라도 자신의 포부와 결합하면 최고의 무기가 될 수 있다. 소지한 자격증을 모두 적고 멋지게 포장해 발표하라.

제약 회사 주력 제품을 아는 방법

제약 회사에 지원할 때 그 회사의 주력 제품이나 오리지널 품목을 아는 것은 기본 중의 기본이다. 지원하는 회사가 어떤 제품을 생산하는지 모르면 면접관이 지원자의 마음가짐이 제대로 되지 않았다고 판단할 수 있다. 하지만 제약 영업을 경험하지 않은 지원자가 어떤 회사의 주력 제품이나 오리지널 품목을 아는 것은 쉽지 않다. 이럴 때는 도움을 받아야 한다. 필자도 다음 방법을 사용하였다.

첫째, 회사 고객 센터에 전화하여 공채에 지원하는 취업 준비생이라 말하고 자기소개서 작성이나 면접에 도움이 되게 회사 주력 제품이나 오리지널 품목을 알려달라고 정중히 부탁한다. 둘째, 회사 고객 센터에 소비자인 것처럼 전화하여 그 회사에 나오는 어떤 약 처방을 받으려는데 집 근처에 있는 처방 병(의)원을 알고 싶으니 담당 영업 사원 연락처를 알려 달라고 한다. 영업 사원 연락처를 알았으면 전화하여 취업 준비생인데 도움이 필요하다며 시간을 내달라고 솔직하고 진실하게 요청한다. 또 만나서 회사 정보나 주력 제품 등을 물어본다. 필자도 이렇게 만난 선배(지금은 모 회사 지점장)와 아직도 끈끈한 인연을 맺고 있다. 한편 고객 센터에서 알려주는 병(의)원에 찾아가 처방을 받고, 약국에서 약을 구매한 다음에 그 경험을 면접에 활용하는 것도 좋은 방법이다. 셋째, 제약 관련 카페 등을 활용한다. 이런 카페에 글을 남겨 답변을 듣거나 현역 영업 사원과 만날 기회를 얻을 수 있다. 물론 이곳이 여러 사람이 공유하는 공간이라 잘못된 정보도 있겠지만 도움을 얻을 수도 있다. 넷째, 회사 홈페이지나 인터넷 검색으로 정보를 얻을 수도 있다.

제약 회사에 들어가려면 해당 회사를 잘 이용해야 한다. 제약 회사에는 소비자 상담, 제품 상담, 학술, 개발, PM[4] 등 제품에 관한 정보와 설명을 줄 수 있는 사람이 많다. 궁금한 것이 있을 때 고객 센터에 전화하여 물어보면 명확하고 정확한 답을 들을 수 있다. '사용 방법을 알려

---

4. Product Manager

달라.' '성분이 어떠한가?' 등 어떤 질문도 괜찮다. 하지만 필자가 만난 대부분 취업 준비생은 모르는 것이 있을 때 제약 관련 카페, 인터넷 또는 필자에게 물어볼 뿐이었다. 고객 센터에 전화하여 이런 질문을 하면 찍히는 것이 아니냐고 묻는 사람도 있는데 절대로 그렇지 않다.

제약 회사 대표 제품

1. 코오롱제약 - 포스터(천식복합흡입치료제), 코미(코감기치료제), 토피솔 밀크로션(피부질환치료제), 비코그린S(변비약), 큐로서프주(호흡곤란증후군치료제)

2. 녹십자 - 리피딜슈프라(고지혈증치료제), 신바로(골관절염치료제), 헌터라제(헌터증후군치료제), 정주용헤파빅주(혈액제제), 바라크루드(B형간염치료제)

3. 안국약품 - 시네츄라(진해거담제), 레보텐션(고혈압치료제), 레토프라(식도염치료제), 애니코프(진해제), 그랑파제(위궤양치료제)

4. 유한양행 - 트윈스타(고혈압치료제), 트라젠타(당뇨병치료제), 비리어드(B형간염치료제), 코푸(진해거담제), 아토르바(고지혈증제), 메로펜(항생제)

5. 동구바이오제약 - 더모타손(피부질환치료제), 쎄닐톤(전립샘치료제), 벤투룩스(생균정장제)

6. 일성신약 - 오구멘틴(항생제), 슈프레인(흡입마취제), 호이판(소화용제), 독시움(모세혈관개선제)

7. 대웅제약 - 알비스(항궤약제), 가스모틴(소화불량치료제), 올메텍

(고혈압치료제), 세비카HCT(고혈압치료제), 우루사(간기능회복제), 아리셉트(치매치료제)

8. 경동제약 - 디로핀(고혈압치료제), 로사타플러스(고혈압치료제), 레바미드정(소화기관용제), 아트로반정(고지혈증제), 에소프라졸(소화기관용제), 팜크로바정(항바이러스제)

9. 보령제약 - 카나브(고혈압치료제), 탁솔(항암제), 아스트릭스(혈전예방제), 스토가(위궤양, 위염치료제)

10. 한국유나이티드제약 - 디에프캅셀(항암제), 나이린정(해독제), 뉴부틴서방정(소화기관용제), 라딘정(소화기관용제), 유니그릴(순환기계), 유나스크(순환기계), 클란자(개량 신약 소염진통제), 실로스탄CR(개량 신약 항혈전제)

11. 제일약품 - 리피토(고지혈증제), 리리카(통증치료제), 란스톤(위산억제제), 뉴론틴(통증치료제), 렉사프로(항우울제), 카듀엣(고혈압고지혈증복합제), 티에스원(위암치료제), 쎄레브렉스(소염진통제)

12. 영진약품 - 메이세린(항생제), 크라몬넥스(항생제), 코디핀(고혈압치료제), 오파스트(요추관협착증치료제), 하모닐란(경장영양제), 오마론(오메가3), 타리민(개량 신약 항히스타민)

13. 유니메드제약 - 세레나데정(항혈전제)

14. 삼아제약 - 헤브론(진해거담제), 아토크(기관지확장제), 리도맥스(피부질환치료제), 코비안에스(코감기치료제), 세토펜(진통해열제), 비아신세립(발기부전치료제), 씨투스(천식·알레르기비염치료제)

15. 삼진제약 - 플래리스(항혈전제), 뉴스타니-A(고지혈증제), 뉴토인정(치매치료제), 뉴라세팜(뇌기능개선제)

16. 환인제약 - 리페리돈(신경안정제), 쿠에타핀(정신분열증치료제), 알프람(신경안정제)

17. 대화제약 - 후로스판(진경제)

18. 현대약품 - 현대테놀민(고혈압치료제), 리나치올(진해거담제), 레보투스(진해거담제), 설포라제(진해거담제), 타코실(지혈제)

19. 일동제약 - 큐란(위궤양치료제), 후루마린(항생제), 사미온(뇌순환대사개선제), 후루목스(항생제), 아로나민(비타민), 비오비타(활성유산균), 메디터치(습윤드레싱제), 벨빅(비만치료제)

20. CJ헬스케어 - 비바코(고지혈증제), 루케어(천식알레르기치료제), 올메액트(고혈압치료제), 엑스원(고혈압치료제), 지소렌(소화성궤양용제), 바난(3세대항생제), 라베원(소화성궤양용제), 발사원(고혈압치료제)

21. 일양약품 - 놀텍(국내 14호 신약 항궤양제), 슈펙트(국내 18호 신약 백혈병치료제 개발)

22. LG생명과학 - 유트로핀(성장호르몬), 히루안플러스(골관절염치료제), 시노비안(골관절치료제), 폴리트롭(고순도불임치료제), 제미글로(국내 19호 신약 당뇨병치료제), 유히브(뇌수막염 백신)

23. 고려제약 - 뉴로메드정(뇌증후군치료제), 가바틴정(간질,신경병증성치료제), 란시드캅셀(활동성위궤양치료제), 멀티큐텐(비타민제), 하벤(종합감기약)

24. 삼일제약 - 부루펜(해열제), 슈다페드(비충혈제거제), 글립타이드(위장관치료제), 미라펙스(파킨슨병치료제)

25. JW중외제약 - 가나톤(소화불량치료제), 리바로(고지혈증제), 트

루패스(전립선치료제), 시그마트(혈관확장제), 위너프(수액), 엘란쎄(필러)

26. 한올바이오파마 - 글루코다운오알서방정(당뇨치료제), 노르믹스(항생제), 베노론(혈관보강제), 아푸록산(소염진통제)

27. 한림제약 - 리세넥스(골다공증치료제), 나자플렉스나잘스프레이(알러지성비염치료제), 베리온(항히스타민)

28. 종근당 - 리피로우(고지혈증제), 딜라트렌(고혈압치료제), 타미플루(항바이러스제), 사이폴엔(면역억제제), 타크로벨(면역억제제), 칸데모어(고혈압치료제), 텔미누보(고혈압치료제), 살로탄(고혈압치료제), 이모튼(골관절염치료제), 프리그렐(항혈전제), 아벨록스(항생제), 자누비아(당료병치료제), 바이토린(고지혈증제), 아토젯(고지혈증제)

29. 유유제약 - 맥스마빌(골다공증복합제), 움카민(진해거담제)

30. 국제약품 - 타겐에프(망막혈류개선제), 세파제돈(항생제), 세포테탄(항생제)

31. 동아ST - 스티렌(위점막보호제), 리피논(고지혈증제), 플라비톨(항혈전제), 그로트로핀(성장호르몬), 모티리톤(기능성소화불량제), 오팔몬(허혈성개선제), 타리온(항히스타민제), 오로디핀(고지혈증제), 가스터(소화성귀향치료제), 자이데나(발기부전치료제)

32. 한미약품 - 아모잘탄(고혈압치료제), 아모디핀(고혈압치료제), 에소메졸(소화성궤양제), 카니틸(뇌신경기능개선제), 팔팔정(발기부전치료제), 뉴바스트(고지혈증제), 가딕스(유착방지제), 낙소졸(소염진통제), 로벨리토(고혈압·고지혈증 복합 신약), 로수젯(고지혈증제 복합 신약)

33. 대원제약 - 코대원정(진해거담제), 코대원포르테(진해거담제), 리피원정(고지혈증제), 칸디나(항진균제), 프리비투스(진해제), 클래신(호흡기감염치료제) 34. 건일제약 - 오마코(오메가3), 아모크라(항생제), 아모크라네오(항생제)

35. 광동제약 - 비타500, 옥수수염차, 쌍화탕류, 삼다수, 청심원류, 콘트라브(비만치료제)

36. 한국오츠카제약 - 프레탈정(항혈소판제), 무코스타정(위궤양치료제), 아빌리파이정(항정신병약물), 삼스카(저나트륨혈증 신약)

37. 휴온스 - 엘라비에 3종(필러)

38. 한국엘러간 - 리프레쉬, 레스타시스, 루미간, 콤비간, 알파간, 오저덱스

39. 한국아스텔라스 - 프로그랍, 하루날, 베시케어, 베라실, 나제아, 페르디핀

40. 한화제약 - 헤파멜즈(간장질환치료제), 뮤테란(거담제), 움카민(진해거담제), 람노스(정장제), 유트로게스탄(황체호르몬제)

41. 한독 - 플라빅스(항혈전제), 아마릴(당뇨치료제), 테넬리아(당뇨치료제), 테베텐(고혈압치료제), 트리테이스(고혈압치료제)

※ 상기 제품에는 코마케팅 및 코프로모션 제품도 포함됨

추천을 받아라.

요즘은 제약 회사에 들어가기가 정말로 어렵다. 7~8년 전만 해도

상·하반기 모두 공채를 많이 했지만 요즘은 채용 횟수도 줄고 뽑는 인원도 적다. 이럴 때는 자기소개서나 면접 말고도 다른 무기가 필요한데 직원 추천은 아주 강력한 무기이다. 특히 회사가 인정하고 일 잘하는 직원의 추천이면 금상첨화이다. 합격선까지 단번에 올라갈 수 있는 기회이다. 물론 자기소개서나 면접을 잘 준비해야 한다. 추천은 말 그대로 어느 정도 도움을 주는 것이다. 직원 추천에 모든 것을 맡기면 안 된다.

지원하는 회사 직원의 추천을 받는 것도 능력이다. 옛날부터 알던 사람이 해당 회사에 근무하면 추천을 부탁하고, 아는 사람이 없으면 스스로 추천할 사람을 만들어라. 현역 영업 사원 모임이나 카페, 블로그를 통하여 들어가려는 회사의 직원과 접촉하라. 또 지원자의 인맥이나 의사의 추천에 따라 가산점을 주는 회사도 있다. 이것이 옳은지 그른지는 사람마다 생각이 다르겠지만 제약 회사 입장에서도 생존하려는 전략이다.

2015년 상장회사 직원 1인당 연간 평균 급여액(단위: 명, 백만 원)

순위	회사명	직원수	평균급여	순위	회사명	직원수	평균급여
1	동아쏘시오홀딩스	263	89	28	삼일제약	375	52
2	유한양행	1574	71	29	제일약품	1052	52
3	LG생명과학	1345	68	30	경보제약	398	51
4	일동제약	1419	67	31	휴온스	526	51
5	종근당바이오	278	62	32	조아제약	267	51
6	한독	902	60	33	코오롱생명과학	369	51
7	jw홀딩스	154	60	34	삼천당제약	350	51
8	우리들제약	222	60	35	경동제약	518	50
9	한미사이언스	93	59	36	대화제약	300	50
10	종근당	1819	58	37	부광약품	617	49
11	녹십자홀딩스	170	58	38	셀트리온제약	414	49
12	동아에스티	1571	58	39	현대약품	380	49
13	대웅제약	1332	58	40	jw중외제약	1072	49
14	환인제약	446	58	41	국제약품	405	48
15	동국제약	670	57	42	삼아제약	294	48
16	삼진제약	623	57	43	대원제약	741	47
17	한미약품	2095	56	44	안국약품	576	47
18	신풍제약	795	56	45	영진약품	591	47
19	jw중외신약	225	55	46	이연제약	350	47
20	녹십자	1745	55	47	화일약품	136	46
21	광동제약	875	54	48	유나이티드제약	728	46
22	알보젠코리아	633	54	49	CMG제약	147	45
23	동화약품	676	53	50	대한뉴팜	284	44
24	보령제약	1053	53	51	대웅	278	44
25	명문제약	464	53	52	바이넥스	339	43
26	한올바이오파마	369	53	53	신일제약	278	43
27	종근당홀딩스	24	53	54	삼성제약	202	43

〈자료: 약업닷컴〉

전공은 무관하지만 우대 사항은 있다.

전공이 제약과 관련이 없는데 제약 회사에 들어갈 수 있느냐는 질문도 필자가 취업 준비생에게 많이 듣는 말이다. 대답은 'Yes'이다. 필자도 대학에서 신문방송학을 전공하였다. 신문방송학이란 전공 탓에 면접관에게 질문을 많이 받았지만 답변 준비를 철저히 한 탓에 오히려 칭찬을 받았다. 과거에는 생물학과나 생명공학과, 화학과 등 비슷한 계열 전공자가 많이 지원하였지만 요즘은 전공과 관련이 적다. 주위의 제약 영업 사원을 보면 체육과나 국문과, 영문과, 신방과 등 전공이 정말로 다양하다. 전공과 관련한 면접 질문에 독특한 답안을 준비하고 자신만의 능력을 호소하라.

제약 회사 지원에 전공 제한이 없다고 말하면 제약 영업을 아무나 할 수 있는 전문성 없는 일이라 생각하는 사람이 있는데 절대로 그렇지 않다. 전공과 관련이 없어도 제약 영업으로 성공하려면 디테일 연습과 제품 공부를 계속해야 한다. 한편 외국계 제약 회사는 약학과 출신, 약사 면허 소지자 등 전문적인 전공자를 원하는 경우가 있다. 외국계 제약 회사는 학벌이나 전공, 스펙, 어학 능력 등을 국내 제약 회사보다 중시한다.

국내 제약 회사도 우대 사항이 있다. 대표적인 경우가 장교 출신 우대이다. 제약 회사가 리더십이나 패기, 자신감 등을 갖춘 사람을 선호하는데 장교 출신들은 군 생활로 이런 소양을 습득했다고 판단한다. 일반 사병이 체험하지 못했던 조직을 이끈 경험과 리더십이 있는 장교 출신을 활용하여 영업력을 극대화하려는 의도이다. 회사에 따라 장교 출신 우대를 입사 조건으로 명시한 회사가 있고 그렇지 않은 회사가 있지만, 장교 출신 취업 준비생은 일반 취업 준비생보다 유리하니 제약 영업에 도전하라. ROTC나 학사장교 같은 장교가 아니고 부사관 출신이면 자신의 군 생활을 잘 정리해 호소하라. 여군 장교 출신이 제약 영업에 도전하는 사례도 있다.

전문학사 학위(전문대학 졸업)로 지원할 수 있는 제약 회사

보통 제약 영업에 지원하려면 4년제 대학 졸업장이 필요하다. 중견 제약 회사는 대부분 학사 학위 소지자를 뽑는다. 하지만 전문대학을 졸업했는데 제약 영업을 하고 싶어 하는 사람도 많다. 잘 찾아보면 전문학사 학위(전문대학 졸업)로 지원할 수 있는 제약 회사도 있다. 온라인팜, 조아제약, 경남제약 같은 규모가 크고, 인지도가 비교적 높은 OTC 전문 회사는 전문학사 학위로 지원할 수 있다.

3. 제약 회사 취업 시 주의 사항

아무 제약 회사나 입사하지 마라.

필자가 사회에 나왔을 때만 해도 취업이 지금처럼 어렵지 않았다. 따라서 한두 번 입사 시험에 실패해도 마음이 느긋하였다. 하지만 요즘은 취업하기가 너무 어려워 입사 시험에 떨어지다 보면 급한 마음이 들게 된다. 필자는 급한 마음에 아무 제약 회사나 들어가는 취업 준비생을 많이 보았다. 제약 회사라는 이름만 붙었지 현장에서 일하는 필자도 처음 듣는 회사가 많다. 이런 회사에 들어가면 제약 영업 사원의 역할이 아닌 다른 일을 하는 경우가 많다. 필자는 적어도 매출이 500억이 넘는 중견 제약 회사에 들어가기를 권한다. 이런 규모의 회사라면 첫 직장이나 평생직장으로 선택할 만하다.

외국계 제약 회사에 들어가고 싶지만 이들 회사에 들어가기가 여의치 않거나 이들 회사에서 신입 사원을 채용하지 않아 헤드 헌팅 회사에 공고가 난 외국계 제약 회사에 지원하는 취업 준비생도 많다. 하지만 이것도 주의해야 한다. 외국계 제약 회사라 하여도 규모가 아주 작거나 필드에서 인지도가 전혀 없거나 전문 의약품이 아닌 일반 의약품이나 건강식품, 의료기기를 판매하는 회사일 수 있으니 잘 살펴야 한다. 업무나 연봉, 일비, 복지 등에서 자신이 생각했던 것과 큰 차이가 있다.

첫 직장은 신중하게 선택해야 한다. 취업이 급하다고, 외국계 제약 회사에 들어가고 싶다고 무턱대고 정하면 안 된다. 일단 아무 회사나 들어가고 몇 년 일한 다음에 이직하겠다고 생각하는 사람이 있겠지만 현실은 그리 쉽지 않다. 먼저 어떤 업무를 하고 싶은지 정확히 알고 거기에 맞는 목표를 세운 다음에 규모와 인지도가 어느 정도 있는 제약 회사를 선택하라.

눈높이를 낮춰라.

"A 제약 회사에 들어와 연수원에 있는데 하반기에 B 제약 회사 공채가 있으면 A 제약 회사 연수원에서 나와 지원할까요?"라는 질문도 필자가 자주 듣는다. 취업 준비생이라면 누구나 한 번쯤 이런 고민을 했을 것이다. 필자는 이렇게 대답한다. "정말로 자신 있고, B 제약 회사에 도전 안 해서 후회할 것 같으면 A 제약 회사 연수원을 나와 지원하세요. 그것이 아니라 B 제약 회사가 더 큰 회사라 막연히 가고 싶은 마음이면 그냥 A 제약 회사에 충실하세요." 사람 욕심은 끝이 없다. A 제약 회사에서 나와 B 제약 회사에 다니다가 C라는 더 좋은 제약 회사 공채가 나오면 또 옮기고 싶을 것이다. 이렇게 욕심을 부리면 절대로 한 회사에 오래 다니지 못한다. 영업 사원이 되어서도 수없이 이직할 것이다.

눈높이를 조금 낮추어라. 첫 직장으로 선택한 지금 회사가 새로 공채를 뽑는 회사보다 조금 부족해 보여도 지금 회사가 중견 제약 회사라면 만족하고 올인하라. 지금 회사에서 전국 일등을 하면 더 좋은 회사가 결코 부럽지 않다. 최종 입사가 결정되기 전에 많은 제약 회사에 지원하고 면접을 보는 것은 좋다. 모두 돈으로도 살 수 없는 훌륭한 경험이다. 하지만 채용된 상태에서 다른 회사에 지원하다가는 정말로 자신 있는 도전이 아니라면 어렵게 얻은 기회마저 놓칠 수 있다.

제약 회사 공채 준비 노하우

제약 회사 입사 시험에서 당락을 결정하는 가장 중요한 요소는 자기소개서와 면접이다. 따라서 합격하려면 정성을 다하여 다음 사항을 준비해야 한다. 첫째, 스펙이 변변치 않더라도 자기소개서에 올인하라. 대학 생활 동안 특별히 한 일이 없고 스펙도 변변치 않기에 자기소개서를 적당히 쓰는 사람이 많다. 하지만 그러면 안 된다. 수없이 수정하여 남과 다른 완벽한 자기소개서를 만들어야 한다. 둘째, 면접장에 갈 때는 자신감이 넘치게 외모를 멋지게 꾸며라. 셋째, 회사의 주요 이력, 주력 제품, 오리지널 품목 등 모든 회사 정보를 파악하고, 할 수 있으면 현역 영업 사원의 추천을 받아라. 넷째, 리베이트 투아웃제나 쌍벌제, 의료 영리화, 의료계 파업 등 제약 업계 이슈와 동향을 알아라. 다섯째, 자기소개, 지원 동기, 입사 후 포부, 마지막 하고 싶은 말 같은 기본적인 질문에 남과 다른 임팩트 있는 대답을 준비하라. 여섯째, 인사 담당자와 면접관에게 자신을 각인할 무기를 준비하라. 평범한 대답으로는 절대로 이렇게 하지 못한다. 일곱째, 합격에 집착하면 스트레스와 압박감을 받아 시험을 잘 치를 수 없다. 편안하게 준비하며 준비 과정과 면접 등을 즐겨라.

1. 자기소개서 작성 요령

자기소개서는 남과 달라야 한다. 일반적인 내용으로는 수많은 자기소개서에 둘러싸인 인사 담당자의 눈을 사로잡지 못한다. 또 영업 마인드나 영업력을 나타낼 수 있는 경험담이나 포부가 반드시 필요하다. 필자는 3인칭 시점으로 다른 사람이 필자를 소개하는 형식으로 썼고 부문(Part)마다 소제목을 붙였고 내용은 최대한 간결하게 하였다. 길고 지루하면 인사 담당자가 꼼꼼히 읽지 않는다. 또 필자의 영업 마인드를 나타낼 사례를 실었다.

보통 자기소개서를 예로 들면 (1) 성장 과정, (2) 학창 시절, (3) ○○○, (4) ○○○, (5) 입사 후 포부, 이런 식으로 부문(Part)을 정하고 내용을 함축하는 소제목을 적는다.

> (1) 성장 과정
> '과연 그는 누구인가?'
> 그가 누구인지 궁금하신가요? 그렇다면 그를 소개하겠습니다. 외모는 꽃미남, 내면은 강한 상 남자, 그가 바로 ○○○!
> 그는 27년 동안 밝고 긍정적으로 살았습니다. 주위 사람을 <u>끄</u>는 외모와 리더십으로…….

식구가 몇 명이고 아버지와 어머니의 직업이 무엇이고 하는 식의 성장 과정은 금물이다. 임팩트 있는 부분만 쓰면 된다.

> (2) 학창 시절
> '그는 신문방송학과의 유재석'
> 그가 유재석? 항상 그는 엠티나 축제의 진행자입니다. 왜 이리 남 앞에서 진행하기를 좋아하는지. 진행도 잘하네요. 신문방송학과의 유재석, 그의 이야기를 들으면 웃음이 절로 나옵니다.
> 대학 시절 MC를 자청하고 많은 이에게 웃음을 주었던 그. 그가 이제 코오롱제약의 유재석으로 다시 태어나려 합니다.

학창 시절 항목에는 활동했던 일을 쓰는데 자신의 학창 시절 활동이 앞으로 영업할 때 도움이 된다는 것을 강조한다.

> (5) 입사 후 포부
> '그에게 포기란?'
> 그에게 포기란 김장할 때나 쓰는 말입니다. 앞으로도 포기란 말은 없을 것입니다. 도전과 결과물로 보여드리겠습니다.

자기소개서 예 1: 한미약품

먼저 내용을 요약한 소제목을 붙이고 지원 동기 같은 내용을 구체적으로 적어야 한다. 글이 길면 지루하니 짧고 임팩트 있게 써야 한다. 지원 동기 하나로 모든 것을 표현할 수 있다. '한미의 스타가 되기 위해' 같은 소제목은 많은 사람이 쓰는 평범한 것으로 임팩트가 없다. 이것보다는 '아모잘탄, 감사합니다.'처럼 주력 제품으로 호기심을 유발하는 것이 좋다. 이 소제목만 보아도 어떤 내용일지 궁금할 것이다. 아모잘탄은 한미약품이 정성을 기울이는 주력 품목이다. 이런 주력 품목에 호기심을 유발하면 효과가 크다. 회사의 주력 품목을 알고 도전하는 것과 모르고 도전하는 것은 차이가 크다. 따라서 지원하는 회사의 정보를 알아야 한다. 한미약품의 주력 제품인 아모잘탄과 약을 복용하는 아버지라는 실생활을 이용하여 호기심을 유발하는 소제목과 짧지만 임팩트 있는 지원 동기를 3인칭 시점으로 써보자.

> 지원 동기: '아모잘탄 감사합니다.'
>
> 그에게 아모잘탄은 보통 약이 아닙니다. 아주 특별한 약입니다. 고혈압이 있는 아버지가 매일 먹는 생명이기 때문입니다. 처음부터 그가 혈압약이 얼마나 중요한지 알았던 것은 아닙니다. 감기약처럼 흔한 약으로 생각했습니다. 하지만 아모잘탄을 하루도 빠짐없이 먹어야 사는 아버지를 보고 알았습니다. 고혈압 환자에게 아모잘탄이 생명인 것을.
>
> 아버지를 살게 한 아모잘탄에게 감사합니다. 그는 아버지를 위해 한미약품에 도전합니다. 이 감사한 마음을 한미약품에 입사해 보답하겠습니다.

자기소개서 예 2: 코오롱제약

회사는 자기만의 비전과 인재상이 있다. 따라서 이런 비전과 인재상에 맞게 자기소개서를 쓰는 것도 좋은 방법이다. 코오롱제약은 코오롱 그룹의 핵심 계열사이고 코오롱 그룹은 비전인 'Lifestyle Innovator'

를 달성하려고 미래를 그릴 줄 아는 창의, 도전, 긍정, 미래 지향이란 네 가지 키워드에 맞는 인재를 찾는다.

제약 영업에 관한 창의적 아이디어, 나만의 도전 방법, 목표를 향한 긍정 마인드, 준법 경영 강화 선언을 통한 클린 영업 같은 소제목에 이 네 가지 키워드를 접목하여 자기소개서를 만들어 보자. 또 여기에 코오롱제약의 주력 품목을 절묘하게 결합하면 합격 확률이 높아진다. 단, 길지 않게 써야 한다. 단순히 성장 과정과 학창 시절, 가족 사항, 입사 포부 같은 뻔한 소제목을 나열해서는 주목을 받을 수 없다.

증명사진

취업 포털 잡코리아가 기업 인사 담당자 446명을 대상으로 설문 조사한 결과 지원자 한 사람 서류 심사에 8분이 걸리고 서류 심사에서 가장 중요한 것은 증명사진이라 한다. 보통 중견 제약 회사 인사팀 직원은 다섯 명가량이다. 큰 메이저 제약 회사도 열 명을 넘지 않는다. 이 가운데 한두 명이 서류 심사 분류 작업을 할 텐데 몇 백 장, 몇 천 장의 자기소개서를 모두 읽을까? 절대로 못 읽는다. 8분 동안 먼저 증명사진을 보고 자기소개서를 대충 훑는데 주로 소제목이 흥미로운지 보고 지원 동기를 보고 분류한다. 허무하지만 현실이다. 그래서 자기소개서를 최대한 간결하게 써야 한다. 또 항목마다 글자 제한이 1,000자라고 해도 약간의 여백을 두고 소제목을 붙여 내용을 읽지 않고도 파악하게 하라. 지원 동기도 기발하고 임팩트 있게 써라.

가장 중요한 것은 증명사진이다. 하지만 취업 준비생들이 서류 심사에 통과하려고 자기소개서에는 심혈을 기울이지만 증명사진이 얼마나 중요한지 모르는 경우가 많다. 증명사진을 보고 외모가 깔끔하고 준수한 사람을 간추린 다음에 이들의 자기소개서를 읽는 경우가 많다. 증명사진이 제약 영업 취업의 첫 관문인 셈이다.

자신이 인사 담당자라면 어떤 지원자에게 호감을 느낄지 생각해봐라. 돈이 들더라도 인사 담당자가 호감을 느끼게 헤어스타일, 정장, 넥타이, 메이크업에 신경 쓰고, 증명사진에 투자하라. 피부가 좋지 않으면 깨끗한 피부로, 눈썹이 짝짝이면 숯덩이 눈썹으로, 얼굴형이 비대칭이면 대칭 얼굴로 증명사진을 수정하라.

2. 성공 면접 노하우

면접은 자기소개서를 중심으로 준비하라.

과거에 필자가 자기소개서를 쓸 때 취미 란을 채워야 하는데 마땅한 것이 없어 고민하다 등산이라고 적은 적이 있다. 사실 필자는 등산을 좋아하지도 않았고 산에 가본 적이 거의 없었다. 운 좋게 서류 전형에 합격하고 면접시험을 보는데 면접관이 "취미가 등산이군요. 주로 어느 산에 가나요?"라고 물었다. 필자는 당황하여 얼떨결에 "집 근처 북한산을 자주 갑니다."라고 대답하였다. 그런데 이때부터 면접관의 질문이 집중되었다. "나도 북한산을 자주 가는데 어느 코스를 가나요?" "주차는 어디에 하나요?" "○○에 가보았나요?" 북한산에 간 적이 없는 필자는 대답을 못하고 망신만 당하고 떨어졌다. 취미 란에 무심코 적은 등산이 이렇게 큰 파장을 일으킬 줄이야.

면접에서 많은 질문과 답변이 오가지만 면접관은 자기소개서 내용을 기본으로 질문한다. 따라서 면접을 준비할 때 자기소개서에 쓴 내용을 철저하게 공부해야 한다. 어떤 질문이 와도 대답할 수 있게 준비해야 한다.

짧은 면접 시간에 면접관이 확인하려는 것은 성실성과 회사에 대한 충성도이다. 일부 회사는 지원자의 인성을 파악하려고 초·중·고등학교 생활기록부를 요구하기도 한다. 면접관은 지원자의 의지를 보려고 노력한다. 가정환경 등을 고려해 취업을 절실히 원하는 사람을 뽑는다. 이 과정에서 지나치게 똑똑한 사람이 역차별을 당하기도 한다. 보통 질문 매뉴얼이 있는데 "지원 동기가 무엇인가?", "무리한 영업 목표를 받으면 어떻게 대처하고 돌파하겠는가?" 등이다. 경력 사원을 뽑을 때는 주위의 추천이 중요하다.

제약 영업 면접, 되도록 많이 보아라.

서류 전형에는 항상 합격하는데 면접에서 떨어지는 취업 준비생이 많다. 이들은 자기소개서를 기가 막히게 잘 쓰지만 면접장에만 들어가면 떨고 말도 못하고 기억도 못한다. 왜 그럴까? 면접 경험이 적어서이다. 실전 면접을 접하지 못한 탓이다. 집에서 아무리 혼자 연습해도 실전 면접을 경험하지 못하면 떨리고 말을 제대로 못 한다.

필자는 취업 준비생에게 되도록 면접을 많이 보라고 말한다. 공채 공고가 나오면 특별한 까닭이 없으면 모두 지원하고 서류 전형에 합격하면 꼭 면접시험에 참석하라. 해당 회사가 하위권 제약 회사이고 연봉도 적어 합격해도 가지 않을 생각이라도 면접시험을 반드시 보아라. 이렇게 말하면 면접관에게 미안하고 시간 낭비라고 말하는 사람이 있다. 하지만 면접관보다 자기 인생이 중요하다. 실전 면접은 돈 주고도 못 한다. 절대로 시간 낭비가 아니다. 면접 경험이 많아야 자신감이 생기고 어떤 질문이 나올지 예측할 수 있다. 절대로 면접을 가리지 마라. 또 자기소개, 입사 후 포부, 하고 싶은 말 이렇게 세 가지 항목에 임팩트 있는 대답을 준비하고 가라. 그것이 원하는 제약 회사에 합격하는 지름길이다. 입사 여부는 합격한 다음에 결정해도 늦지 않다.

면접 시 옷차림

사람의 첫인상은 5초 안에 결정된다고 한다. 면접관이 5초 안에 받은 인상에 따라 나머지 면접 시간이 어떤 방향으로 흐를지 결정되는 것이다. 이 첫인상을 결정하는 데는 미소나 밝고 긍정적인 태도가 중요하다. 아무리 떨리더라도 미소를 살짝 짓는 여유를 보여라. 한편 옷차림도 못지않게 중요하다. 물론 면접장 옷차림에 정답이 없지만, 제약 회사는 신입 사원을 교육할 때 정장 입는 법, 넥타이 매는 법, 시계 선택법 등 제약 영업 옷차림을 가르친다. 이에 준하는 옷차림이면 무난할 것이다.

정장은 검은색이 기본이고 회색이나 네이비색도 괜찮다. 캐주얼 정장이나 스키니즈 정장을 입으면 안 된다. 면접관 앞에서는 단추를 잠그는 것이 좋다. 단추가 두 개이면 한 개만 잠가라.

와이셔츠는 흰색이 기본인데 하늘색 셔츠도 괜찮다. 줄무늬 와이셔츠보다 무늬 없는 와이셔츠가 더 깔끔하다. 하지만 꼭 긴팔 와이셔츠를 입어라. 정장에는 반팔 와이셔츠를 입지 않는다. 또 속에 입는 것이라고 구겨진 와이셔츠를 입은 사람도 많은데 반드시 다림질해서 입어라.

구두는 검은색이 기본이다. 뾰족구두나 너무 화려한 색상은 피하라. 또 반드시 아침에 구두를 닦고 면접장에 가라.

넥타이는 자신과 어울리는 색깔이나 오늘 입은 정장이나 와이셔츠와 어울리는 색깔을 골라라. 폭이 좁은 넥타이는 가벼운 느낌이 들고, 폭이 넓은 넥타이는 나이가 들어 보이니 중간 폭의 넥타이 가운데 깔끔하고 세련된 것을 선택하라.

벨트는 검은색 정장 벨트가 기본이다. 패션 벨트나 캐주얼 벨트는 피하라. 벨트 가죽도 정장과 어울리지 않는 색을 피하고 버클(Buckle)도 너무 크거나 요란한 것을 피하라.

정장에 어울리는 시계는 금속 시계가 아니라 가죽 시계이다. 시계를 차려면 가죽 시계를 차라.

안경을 쓸지 말지도 취업 준비생의 고민이다. 하지만 고민할 것 없다. 안경을 쓰는 것이 어울리면 쓰고 어울리지 않으면 벗어라.

헤어스타일과 메이크업(Make up)도 중요하다. 남자는 헤어스타일하나로 사람이 달라 보인다. 이마가 넓고 앞머리를 넘겼을 때 어색하면 자연스럽게 앞머리를 내리고 드라이로 살짝 웨이브를 주어라. 앞머리를 넘겼을 때 깔끔하고 멋지게 보이면 커트를 조금 한 다음 이마를 보이게 하라. 필자도 면접 보는 날 아침에 미용실에 들려 머리 손질과 간단한 메이크업을 하였다. 또 반드시 면도하고 코털과 눈썹도 다듬어라. 면접에 갈 때는 자신을 보기 좋게 꾸며야 한다. 한편 사람을 유혹하는 데 향수만큼 좋은 것이 없다. 강한 향은 쓰지 말고 면접관에게 상쾌한 느낌을 주는 향수를 살짝 뿌려라.

1차 면접 및 2차 면접 공략 방법

면접이란 면접관이 나를 기억하게 하는 장(場)이다. 보통 제약 회사 면접은 두 번에 걸쳐 이루어지는데 1차 면접과 2차 면접으로 나뉜다. 면접관에 어울리는 면접 컨셉(Concept)을 잡고 예상 질문에 맞는 답변을 준비하여 어떤 질문에도 당황하지 않고 답이 술술 나오게 연습하고 자신만의 무기를 한두 개 준비하면 합격할 수 있다.

1차 면접은 실무진 면접으로 면접관이 팀장이나 지점장 급이다. 요즘 팀장이나 지점장은 나이가 많지도 않고 생각도 구식이 아니다. 젊은 팀장이나 지점장도 많고 부하 직원과도 자주 소통하기에 생각이 젊고 가치관도 다양하다. 진부하고 천편일률적인 면접보다 개성 넘치고 톡톡 튀는 면접을 준비하고 다양한 소품과 방식으로 면접관을 즐겁게 하라. 1차 면접은 면접관이 실무진인 탓에 실무적인 내용을 많이 물을 수 있다.

2차 면접은 임원진 면접으로 면접관이 대표 이사나 상무, 영업본부장 같은 임원이다. 1차 면접보다 차분하고 무게감이 있고, 긴장감이 흐른다. 1차 면접 때의 개성 넘치고 톡톡 튀는 행동은 먹히지 않을 수 있다. 2차 면접에는 회사를 지원한 동기와 포부, 회사에 대한 강한 애착심을 진지하고 강력하게 호소해야 한다. 임원은 회사에 대한 애착심이 대단히 크다. 대표 이사는 더 하다. 해당 회사에서 목표를 이루겠다는 강한 포부가 이들의 마음을 사로잡을 것이다. 실무진보다 나이가 많은 임원은 시사나 사회 문제에도 관심이 많으니 이런 질문에도 답변을 준비해야 한다.

면접 때는 한 우물을 파라.

가끔 필자는 이렇게 묻는 취업 준비생을 만난다. "저는 마케팅 PM 업무를 하고 싶습니다. 일단 제약 영업으로 도전했다가 나중에 PM이 되려 합니다. 면접에서 최종 목표가 PM이라고 말해도 될까요?"

누구나 꿈이 있다. 더 나은 부서나 분야에서 일하고 싶은 마음은 모두 같다. 하지만 이것은 면접이다. 면접에서 이렇게 말하면 역효과가 난다. 제약 회사의 매출과 이익은 대부분 영업 사원이 일군다. 제약 회사에서 영업 사원은 전쟁터에서 총을 들고 싸우는 가장 중요한 역할을 맡는다. 목표를 달성하겠다는 절실함과 열정이 누구보다도 높아야 하는 직종이다. 그런데 전쟁터에서 싸울 병사가 이번 전쟁만 끝내고 대대

본부로 들어가야지, 총을 안 드는 다른 부서로 옮겨야지 하고 마음먹었다면 지휘관이 좋아할까? 제약 회사에 제약 영업으로 도전하였다면 절실함과 열정을 면접에서 다 보여야 한다. 설령 꿈이 PM이라도 그 꿈을 면접장에서 말하면 안 된다. 그 꿈은 제약 회사에 들어와 일하며 이룰 기회가 있다. 절실하게 제약 영업이 하고 싶고 제약 영업으로 성공하려는 취업 준비생이 너무나 많다. 면접관은 이런 절실한 사람을 좋아하고 뽑을 것이다.

면접장에 가지고 갈 것들

가만히 있어도 면접관이 자신의 장점을 알아주고 기억할 것이라 생각하면 잘못이다. 면접관은 평범한 지원자를 결코 기억하지 않는다. 수많은 지원자 가운데 면접관의 기억에 남는 사람이 되려면 남과 달라야 한다. 면접관 입장에서는 빈손으로 와 묻는 말에만 대답하는 지원자보다는 다양한 준비로 자신을 알리는 지원자가 기억에 남는다. 면접에서 다음과 같은 것을 준비하여 적재적소에 활용하면 도움이 될 것이다.

첫째, 물품이나 도구 같은 소품을 준비해 활용하라. 둘째, 지원하는 회사의 주력 제품을 준비하라. 전문 의약품은 병(의)원에서 처방을 받아 약국에서 조제 받고, 일반 의약품은 약국에서 처방전 없이 구입한다. 셋째, UCC 동영상이나 자신만의 명함, 자신을 알리는 포트폴리오, PR 브로슈어, 인생 스토리보드 등을 만들어 활용하라. 말로만 하는 것보다 효과가 훨씬 좋다.

포트폴리오(Portfolio)란 광고나 사진, 미술 같은 분야에서 자신을 나타내려고 자기 작품들을 묶은 서류철을 뜻한다. 제약 영업에 관한 꿈과 포부, 계획을 구체적으로 표현한 포트폴리오를 면접관에게 보이며 자신감 있게 발표하라. 말로만 하는 것보다 신뢰감을 주고 준비성 면에도 높은 점수를 받는다.

면접은 자신을 알리는 장이다. 말할 것이 있으면 눈치 보지 말고 자신 있게 손들고 발표하라. 발언 기회가 오지 않아도 당당하게 손들어 하고 싶은 말을 하라. 또 반드시 마지막 멘트를 준비해야 한다. 마지막 멘트 한방으로 모든 것을 뒤집을 수 있다.

제약 업계의 핵심 이슈를 알고 가라.

면접관은 제약 회사에서 일하는 사람이다. 따라서 이들은 항상 제약 업계 동향이나 이슈에 촉각을 곤두세운다. 면접장에서도 이들이 이런 주제를 거론할 확률이 대단히 높다. 면접장에 가기 전에 의료 영리화, 의료계 파업, 리베이트 투아웃제 같은 제약 업계 동향이나 이슈를 알고 답변을 준비해야 한다.

**리베이트 투아웃제를 묻거나 리베이트 요구에
어떻게 대처하겠느냐는 질문을 받으면**

코오롱제약이나 한미약품, 한독, 대웅제약처럼 CP[5]를 도입하여 클린 경영과 클린 영업을 선언한 회사는 리베이트 투아웃제를 물을 확률이 높다. 리베이트 투아웃제란 의사나 약사에게 불법 리베이트를 주다 적발되면 처음에는 건강보험 급여 정지, 두 번째는 건강보험 급여 삭제라는 강력한 행정처분을 받는 것이다. 과거처럼 리베이트를 주는 영업을 하다가 적발되면 본인도 법률적 불이익을 당하지만 회사에 엄청난 피해를 준다. 매출이 100억이 넘는 블록버스터 품목이 급여 삭제를 당한다면 회사가 휘청거릴 것이다. 따라서 이들 제약 회사는 리베이트 영업은 없다고 선언하였고 적발된 직원에도 강한 징계를 내렸다.

면접관이 "리베이트 투아웃제에 관하여 어떻게 생각하나요?"라고 물으면 리베이트 투아웃제를 설명하기보다 자신의 포부나 의지를 말하는 것이 좋다. 필자라면 이렇게 답하겠다. 먼저 자리에 일어나 큰 소리로 외친다.

> "선서! ○○○은 지금부터 클린 영업을 하겠다고 면접관님에게 선언합니다. 제약 영업은 환경의 문제가 아니라 마음가짐의 문제라고 생각합니다. 두 번 걸리면 끝장이 아니라 한 번만 걸려도 끝장이란 자세로 영업하겠습니다. 클린 ○○○이 되겠습니다."

의사가 리베이트를 요구할 때
어떻게 대처하겠느냐는 질문을 받으면

필자라면 이렇게 답하겠다.

---
5. Compliance Program, 공정거래 자율준수 프로그램

> "일단은 원장님을 설득하겠습니다. 요즘 제약 업계 상황과 분위기 등을 말씀드리겠습니다. 그 자리에서 결론을 내리지 않고 시간 여유를 갖고 다음에 방문하여 원장님에게 공정 경쟁 규약에 벗어나지 않는 선에서 돕겠다고 말하고 회사에서 제공하는 합법적인 정책 등으로 설득하겠습니다. 저는 제약 영업 사원입니다. 원장님이 무리한 요구를 해도 원장님을 설득하여 회사가 원하는 방향으로, 원장님도 서운하지 않는 방향으로 진행하는 것은 저의 임무라고 생각합니다. 우리 회사 제품을 써주고 도와준 만큼 원장님이 서운하지 않게 담당자인 제가 더 열심히 방문하겠습니다."

필자의 답에는 다섯 가지 의미가 있는데 (1)성급하게 바로 결정하지 않는 신중함, (2)공정 경쟁 규약에 맞는 합법적인 정책 지향, (3)제약 영업 사원으로서의 역할, (4)고객의 마음을 바꾸는 능력, (5)도와준 만큼 두 배로 열심히 하는 행동이다.

특별한 영업 노하우 리스트를 만들어라.

면접장에서 자신만의 영업 노하우 리스트를 발표하는 것도 자신을 돋보이게 하는 좋은 방법이다. 아직 제약 영업을 경험하지 않은 취업 준비생이 고안한 것이라 서툴 수 있지만 같은 일을 반복하는 현역 영업 사원이 생각하는 것보다 신선하고 기발한 아이디어가 나올 수도 있다. 또 말로 발표하지만 말고 보드 패널을 이용하여 보기 좋게 만들어

라. 취업 준비생이 디테일 영업에 그치지 않고 감성 영업 노하우를 치밀하게 준비하면 면접관은 철저한 준비와 열정, 아이디어를 높이 평가할 것이다.

> ○○○의 제약 영업 노하우 리스트
> 1. 정해진 요일과 시간에 병(의)원 방문하기
> 2. 방문 디테일 후 점심 식사 영업하기
> 3. 천 원 영업하기(천 원 로또, 천 원 커피 등)
> 4. 취미 공유 영업하기(등산, 탁구 등)
> 5. 틈새 품목 공략하기(남이 주목하지 않는 품목 공략)

미래 명함을 만들어라.

제약 영업 면접은 절대로 평범하면 안 되고 열정을 나타낼 무언가가 필요하다. 면접을 치르는 회사의 명함을 미리 만들어 면접관에게 나눠 주며 자신을 디테일하자. 면접관을 의사로, 자신을 신입 사원으로 상황을 설정하자. 팔 제품도 자신이다. 병(의)원에서 제품을 1분 디테일하는 것처럼 자신을 디테일하자. "원장님! △△제약 병원1팀 ○○○입니다. 오늘은 ○○○이란 100억짜리 블록버스터 제품을 소개하겠습니다."

명함은 집 프린터로 만들지 말고 명함을 만드는 인쇄소에 맡겨라. 2~3만 원이면 충분하다. 명함 앞면에는 '△△제약 병원1팀, 신입 사원 ○○○, 연락처: 010-2321-0000'이라고 적고, 명함 뒷면에는 '신입 사원 ○○○, △△제약에 입사할 준비를 마쳤습니다. ○○○이 △△제약의 블록버스터 MR이 되겠습니다!'라고 적자. 이 명함을 보고 면접관이 감동할 것이다. 하지만 단순히 명함만 만드는 것은 의미가 적으니 꼭 명함을 활용하여 자신을 1분 디테일하라.

명함 20개를 받아라.

휴온스라는 중견 제약 회사는 공개 채용 때 제약 관련 업계에 종사하는 사람의 명함을 20개 가져오면 가산점을 준다. 이 채용 공고를 보고 황당하다는 사람도 있었고 회사에 다른 꿍꿍이가 있다고 의심하는 사람도 있었다. 하지만 필자가 보기에는 지원자의 적극성과 열정을 보는 기발하고 괜찮은 제안이다. 제약 관련 업계 명함 20개를 얻기가 생각보다 쉽지 않다. 현역 영업 사원인 필자가 아는 제약 회사 직원이 20곳 안팎인데 어떻게 취업 준비생이 20명의 제약 회사 명함이나 의사 명함을 얻을 수 있겠는가? 적극적이고 열정이 있는 사람만 할 수 있다. 또 회사에 들어가기 전에 이런 미션을 수행하며 한 단계 발전할 것이다.

처음 본 사람의 명함을 얻으려고 설득하고 노력하는 일이 취업 준비생이 앞으로 할 제약 영업이다. 휴온스 공개 채용의 명함 가산점제 탓에 필자에게도 많은 취업 준비생이 명함을 달라고 한다. 달랑 이메일로 '명함 좀 주세요.'라고 하는 사람도 있었고 하루에 몇 번씩 블로그에 요청 글을 올리며 자기 상황을 설명하는 적극적인 사람도 있었다. 어떤 사람이 제약 회사에 들어갈지는 자명하다. 여러분도 명함 20개라는 아이디어처럼 적극성과 열정을 증명할 방법을 연구하라.

자신을 1분 동안 디테일하고 마지막 멘트를 날려라.

제약 영업 사원이 원장님에게 짧은 시간 동안 제품을 설명하는데 이것을 1분 제품 디테일이라 한다. 면접장에서 제품이 아닌 자신을 1분 디테일하라. 면접관에게 자신을 알리며 디테일 능력을 보일 기회이다.

"(1)면접관님 안녕하십니까? △△제약에서 출시한 신제품 신입 사원 ○○○입니다. (2)이번에 △△제약에서 앞으로 블록버스터 사원이 될 신입 사원 ○○○을 출시하였는데 오늘 잠깐 소개하겠습니다. (3)○○○은 △△제약 오리지널 공채 출신으로 제약 영업 사원입니다. (4)○○○의 성분은 열정과 패기, 스마트입니다. (5)○○○의 특징과 장점을 간단히 설명하면 먼저 깔끔한 외모로 사람을 끕니다. 둘째, 타고난 언변으로 이야기를 나누다 보면 빠져듭니다. 셋째, 부지런함과 체력, 끈기로 무장하였습니다.
(6)○○○의 가격은 앞으로 영업 실적 전국 일등으로 보여드리겠습니다. (7)용법과 용량은 아침부터 밤까지 에너지가 가득하니 합격시켜서 언제든지 일을 주십시오. (8)△△제약의 준비된 멋진 영업 사원 ○○○입니다. 바쁘신데 시간 내주셔 감사합니다."

제약 영업 사원은 제품 디테일 능력이 생명이다. 위에 적은 자기 디테일에는 (1)첫인사, (2)제품 이름 소개, (3)오리지널인 점 강조, (4)제품 성분 소개, (5)제품의 특징과 장점 소개, (6)제품 가격 소개, (7)제품의 용법과 용량 소개, (8)끝인사로 마무리 같은 1분 디테일의 모든 요소가 들어 있다.

자기 PR 브로슈어를 만들어 자신을 디테일하면 빈손으로 하는 것보다 효과가 좋다. 제약 영업 현장에서도 제품을 자세히 소개하는 브로슈어를 보이며 디테일한다. 코팅한 한 장짜리 자기 PR 브로슈어를 면접관에게 나누어주며 "면접관님, 저를 디테일하려고 PR 브로슈어를 만들었습니다. 저를 자세히 디테일하겠습니다."라고 말하라. 면접관이 여러 명이니 여러 장을 준비하라.

마지막 멘트는 합격과 불합격을 결정할 정도로 중요하다. 마지막 멘트는 강한 임팩트가 있어 면접관에게 기억을 남겨야 한다. 면접관이 "마지막으로 하고 싶은 말이 있는 사람?"이라고 말하면 다른 사람 눈치 보지 말고 가장 먼저 손들어 준비한 말을 하라. 자신감과 당당함이 필요하다. 지금까지 면접이 여의치 않았더라도 마지막 멘트 하나로 뒤집을 수 있다.

예상 면접 질문

면접관이 자주 묻는 질문은 다음과 같다. 특히 1번, 2번, 3번, 6번, 11번, 25번 질문이 중요하다. 어떤 질문에도 당황하지 않고 자신만의 독특하고 임팩트 있는 대답이 술술 나오게 연습하라.

1. 자기 PR을 해보아라.
2. 우리 회사에 왜 지원했느냐?
3. 입사 후 포부를 말하라.
4. 취미나 특기가 무엇인가?
5. 학창 시절을 어떻게 보냈는가? 아르바이트 등을 하였는가?

6. 제약 영업을 무엇이라 생각하는가?

7. 의사가 만나 주지 않으면 어떻게 하겠는가?

8. 의사가 리베이트를 요구하면 어떻게 하겠는가?

9. 우리 회사 주력 제품을 아는가?

10. 자신의 장점과 단점이 무엇인가?

11. 자신이 제약 영업에 적합한 까닭이 무엇인가?

12. 제약 업계의 미래를 어떻게 생각하는가?

13. 주위에 제약 영업 종사자가 있는가?

14. 지방 영업도 가능한가?

15. 자신의 미래 모습은 어떠한가?

16. 자신의 성격은 어떠한가?

17. 우리 회사 말고 다른 회사에 지원한 적이 있는가?

18. 최근에 읽은 책은?

19. 졸업하고 지금까지 무엇을 하였나?

20. 대학 시절 전공을 살리지 않고 제약 영업에 지원한 까닭은?

21. 의료 민영화에 대한 생각은?

22. 리베이트 투아웃제란?

23. 왜 학점이 나쁜가? (학점이 안 좋으면)

24. 술을 잘하는가? 원장님과 술자리가 많으면 어떻게 할 것인가?

25. 마지막으로 하고 싶은 말이 있는가? (가장 중요하다. 먼저 손들어 간략하고 임팩트 있게 말하라.)

난처한 질문에도 자연스럽게 대처하자.

원래 면접이란 지원자에게 난처한 질문을 던져 지원자의 준비 상태를 보는 것이다. 따라서 아무리 준비해도 당황스러운 질문이 나오기 마련이다. 면접관이 이런 질문을 던져도 미소를 잃지 말고 밝은 표정을 짓고 긍정적으로 대답하라. 또 주어진 질문에 단답식으로 답하면 안 되고 포장을 잘해야 한다. 목표와 포부를 덧붙여 임팩트 있게 말하라. 말을 어떻게 하느냐에 따라 평가가 달라진다. 예상치 않은 질문으로 다음과 같은 것이 있다.

제약 영업이 무엇이라 생각하는가?

이것은 면접에서 자주 나오는 질문이다. 어쩌면 가장 단순한 질문일 수도 있다. 과거에 필자는 전공을 살려 커뮤니케이션이란 임팩트 있는 단어로 표현하였다. 필자의 경험을 참고로 자신에게 맞는 답을 준비하기 바란다.

> "저는 제약 영업을 이 한마디로 표현하고 싶습니다. 커뮤니케이션! 제 전공은 신문방송학입니다. 신문방송학에서 가장 중요하게 여기는 것이 커뮤니케이션입니다. 미디어는 시청자에게 정보를 일방적으로 전달하지 않습니다. 시청자가 정보를 받아들이고 비판과 의견 표출, 여론 형성 등을 하여 쌍방 커뮤니케이션이 이루어집니다. 제약 영업도 커뮤니케이션이라 생각합니다. 영업사원이 원장님에게 일방적으로 디테일하는 것이 아니라 이들과

생각을 공유하고 의견을 수렴하는 커뮤니케이션이 필요합니다."

왜 우리 회사를 지원했는가?

이것도 면접에서 자주 묻는 질문이다. 이 질문에 교과서적으로 대답하지 마라. 평범하고 길게 말하지 말고 간략하고 임팩트 있게 하라. 또 해당 회사의 주력 품목을 준비하고 미리 약을 복용한 경험과 해당 품목에 대한 자부심과 포부를 말하라. 주력 품목을 알고 준비성이 있다고 점수를 받을 것이다. 회사의 비전을 말하고 자신도 큰 역할을 하고 싶다고 말하라. 유한양행 면접이라 가정하고 답을 준비해보자.

면접 전에 병(의)원에서 처방을 받아 트윈스타를 준비했다가 질문이 나오면 조용히 일어나 양복 안주머니에서 트윈스타를 꺼내 면접관에게 보인다.

> "면접관님 이것이 무엇인지 아십니까? 바로 트윈스타입니다. 제 아버지가 하루도 빠짐없이 드시는 혈압약을 제가 몇 개 가지고 왔습니다. 제가 유한양행에 입사하려는 까닭은 간단합니다. 아버지가 복용하는 트윈스타를 팔고 싶습니다. 합격하여 아버지에게 '아버지가 드시는 혈압약은 저희 회사 것입니다.'라고 당당히 말하고 싶습니다. 아버지에는 멋진 아들이, 매출 1조 원을 돌파한 유한양행에는 한몫하는 멋진 블록버스트 MR이 되려고 지원하였습니다. 감사합니다."

입사 후 포부

이것도 면접에서 자주 하는 질문이다. 특히 OJT 면접 때 많이 나온다. 너무 거창한 포부보다 알차고 독특한 것이 좋다. 필자는 이렇게 대답하였다.

"저는 먼저 회사를 사랑하는 마음을 갖고 싶습니다. 저는 어느 곳에 가든 열심히 일할 자신과 의욕이 있습니다. 하지만 회사를 알아가며 평생 가족처럼 사랑하고 싶습니다. 또 사랑하는 회사에서 연륜이 쌓이고 조직 생활과 실적에서 최고가 되었을 때 인터넷에 제약 영업에 관한 작은 블로그를 운영하여 제 영업 노하우를 후배에게 전하고 싶습니다. 이것이 저의 작지만 큰 포부입니다."

지방 근무도 괜찮은가?

제약 회사는 지방에 지점이나 영업소가 있으므로 지방에서 일할 사람이 필요하다. 사실 이런 질문을 받으면 난처하다. 집이 서울이면 서울에서 일하고 싶겠지만 사실대로 말하면 면접에서 떨어질 것 같다. 필자는 이렇게 대답하였다.

"면접관님, 제 특기가 전국 사투리입니다. 저는 전라도, 경상도, 충청도, 강원도 사투리를 모두 잘합니다(미리 지역 사투리를 연습하라). 이렇게 저는 어느 곳이든 내려갈 준비가 되었습니다. 합격시키셔서 어디든 보내 주십시오. 백령도나 독도, 병(의)원이 한 개만 있는 지역이라도 모두 우리 회사 약으로 바꾸겠습니다(주먹을 꽉 쥐고 면접관에게 파이팅 자세를 한다). 저에게는 서

> 울도 작은 무대입니다. 전국구 ○○○! 준비되었습니다. 꼭 합격시켜서 발령만 내려 주십시오!"

면접 당시에 필자는 취업이 절실하여 지역을 따지지 않았다. 그렇지만 합격하여 서울, 그것도 집 근처로 배치되었다. 열정만 있으면 합격할 것이고 원하는 지역에 배치될 것이다.

원장님이 만나 주지 않는다면?

이것도 단골 질문이다. 필자는 이렇게 대답하였다.

> "저는 어릴 적에 편지 한 장으로 여성의 마음을 얻은 경험이 많습니다. 제가 얼굴은 이래도 글솜씨가 있습니다. 원장님이 만나 주지 않으면 편지를 써 원장님 마음을 빼앗겠습니다. 일단 날마다 병(의)원을 방문하겠습니다. 매일 제 마음을 담은 편지를 써 간호사에게 원장님에게 전해달라고 부탁하겠습니다. 원장님이 저를 궁금해할 때까지 계속하겠습니다. 제가 편지 영업이 무엇인지, 편지 영업으로 병(의)원 신규를 할 수 있다는 것을 제대로 보여드리겠습니다."

지인 중에 제약 회사에 다니는 사람이 있는가?

지원하는 회사에 다니는 일 잘하고 이미지 좋은 직원을 알고 이 직원이 추천해준다면 큰 도움이 된다. 이 직원의 긍정적인 이미지가 지원자에게 전이된다. 하지만 실적이나 이미지가 안 좋은 직원이라면 거론하지 마라. 오히려 역효과가 난다. 또 단순히 '누가 근무하고 있습니다.' 라는 대답보다 '지인 덕분에 제약 영업을 알았고 큰 꿈을 꾸게 되었고 앞으로 이렇게 제약 영업을 하겠다.'는 식으로 목표와 포부를 덧붙여라. 면접관이 괜히 이런 질문을 한 것이 아니다. 인맥을 많은지 물어보는 것도 아니다. 실제로 얼마나 도움이 될 만한 이야기를 들었고 목표를 세웠는지 알고 싶은 것이다. 아는 사람이 없으면 솔직히 말해도 된다. '비록 제약 회사에 일하는 지인이 없지만 제가 회사에 입사하여 최고 영업 사원이 되어 많은 후배에게 본보기가 되겠습니다.'라는 식으로 말하면 된다.

이색 면접은 이렇게 대처하라.

요즘은 제약 영업 면접이 많이 달라졌다. 면접장에서만 하지 않고 호프집이나 야외에서 또는 산행을 하며 실전을 강조하는 면접을 한다. 이런 때는 준비가 없는 사람보다 무엇인가를 준비한 사람이 합격한다. 제약 영업을 할 때도 이렇게 준비하겠다는 의지를 면접관에게 보여라.

산행 면접이면 필자는 머리부터 발끝까지 등산복을 갖춰 입을 것이다. 배낭도 메고 모자도 쓸 것이다. 낮은 산을 올라도 이렇게 완벽하게 준비한다는 것을 보여줄 것이다. 또 면접 일 아침에 김밥 20~30인분을 준비할 것이다. 이왕이면 맛있는 것으로. 그리고 김밥에 '△△제약 신입 사원 ○○○, 정상까지 오르겠습니다!'라고 적은 스티커를 붙여 산행할 때 면접관과 다른 지원자에게 나누어줄 것이다. 이것은 아부가 아니다. 자기 PR이고 센스이다. 제약 영업도 이렇게 해야 한다.

　호프 면접이라고 술을 잘하는 사람이 유리하고 술을 못하는 사람이 불리한 것이 아니다. 필자도 술을 못한다. 필자라면 호프 면접 일에 컨디션이나 여명을 살 것이다. 그리고 '△△제약 신입 사원 ○○○, 고객은 제가 챙기겠습니다.'라고 적힌 스티커를 붙여 면접관과 다른 지원자에게 나누어줄 것이다. 숙취 해소제 회사 이름이 보이지 않게 스티커를 붙이는 것도 센스이다.

　면접이 식당이나 레스토랑에서 이루어지면 자리 선정이 중요하다. 회사에서 자리를 정하지 않았으면 면접관과 마주보는 곳에 앉아라. 은은한 향수도 살짝 뿌리고. 향수는 사람을 유혹하는 효과가 있다. 필자라면 식당 면접 때 가글린 작은 것을 사 '△△제약 신입 사원 ○○○, 고객을 위해 작은 것도 챙기겠습니다.'라고 적힌 스티커를 붙였다가 식사를 마칠 무렵에 면접관과 다른 지원자에게 나누어줄 것이다.

　지점장이나 임원이 면접관이 아니라 바로 위 기수 신입 사원이 면접관이면 같은 눈높이로 면접에 임해야 한다(예: 휴온스의 이색 면접). 강하고 박력 있게 자신을 호소하는 구식 접근법을 지양하고 밝고 젊고 유쾌하게 면접에 임하라. 신입 사원이 면접관인 면접은 면접관과 지원자가 모두 처음 하는 일이라 긴장할 것이다. 이때 신입 사원 면접관에게 칭찬을 날리며 유쾌한 면접이 되게 이끌어라. 대학 시절 MT에서도 자리를 주도하며 함께 즐기는 사람이 인기를 얻고 기억에 남는다. 면접을 즐겨라.

롤플레잉 면접 질문

요즘에는 롤플레잉 면접을 하는 제약 회사도 많다. 롤플레잉이란 상황극을 하게 해 그 사람의 센스와 준비성을 보는 것이다. 일반 면접은 즉흥적 센스와 자신감만으로 소화할 수 있지만 롤플레잉은 철저히 준비하지 않으면 제대로 대처할 수 없다. 미리미리 준비하여 면접관이 감탄하게 하자. 롤플레잉에 자주 나오는 상황은 다음과 같다.

1. 원장님이 만나 주지 않으면 어떻게 대처할 것인가?
2. 원장님이 리베이트를 요구하면 어떻게 대처할 것인가?
3. 꾸준히 거래하던 원장님이 오지 말라고 하면 어떻게 대처할 것인가?
4. 처음 만난 원장님과 어떻게 이야기를 시작할 것인가?
5. 자신 있는 품목으로 1분 디테일을 하여라.
6. 원장님이 우리 약 처방을 점점 줄이면 어떻게 대처할 것인가?
7. 원장님이 무리한 부탁을 하면 어떻게 대처할 것인가?
8. 약가 인하로 매출이 감소하면 어떻게 대처할 것인가?
9. 술을 못 마시는데 원장님과의 술자리에서 어떻게 대처할 것인가?
10. 처방 통계를 뽑아주지 않으면 어떻게 대처할 것인가?
11. 원장님이 점심을 같이 먹자고 하면 어떤 식으로 할 것인가?
12. 고등학생 때 사이가 안 좋던 친구가 신규 하러 간 병(의)원 원장님이라면 어떻게 대처할 것인가?

3. OJT 요령

필자가 입사하였던 2006년에는 1차 면접과 2차 면접을 거치면 합격이 결정되었다. 하지만 요즘은 제약 회사들이 신입 사원을 뽑을 때 이색 면접이나 의사나 약사, 제약 영업 사원 명함 받아 오기, 선배와 동행하며 선배 평가 받기, 병(의)원에 가서 원장님에게 설문 조사 하기 등 다양한 OJT를 활용한다. 취업 준비생이 할 일이 너무 많아졌다.

한국유나이티드제약도 병(의)원에 가서 원장님에게 설문 조사를 받는 Self OJT를 제안하였는데 제약 영업 사원으로 가는 것과 취업 준비생 신분으로 가는 것은 전혀 다르다. 제약 회사 영업 사원이 제품 디테일을 하러 가면 원장님이 덜 귀찮아하겠지만 취업 준비생이 설문 조사를 왔다면 원장님이 귀찮게 여길 수 있다. 어쩌면 맨땅에 헤딩 식으로 영업하는 것만큼, 죽음의 지역에서 영업하는 것만큼 어려울 수 있다. 하지만 이런 원장님의 불편을 최소화해야 한다. 신분을 속이고 환자인 것처럼 방문하지 말고 간호사에게 이런 까닭으로 원장님을 뵙고 싶다고 정중히 요청하라. 간호사가 막거나 문전박대를 당할 수 있지만 천사 같은 원장님도 많다. 여러 곳을 가면 설문에 응하는 원장님이 있을 것이다. 병(의)원에 갈 때는 음료수 정도를 준비하여 원장님에게 이런 일로 왔다고 양해를 구하라. 또 제약 회사에 합격하면 원장님 덕분이고 나중에 감사 인사를 드리러 오겠다고 하라.

이런 Self OJT는 말 그대로 실전 연습이다. 병(의)원에 가서 원장님을 뵙고 이야기를 나눈 경험은 앞으로 제약 영업을 하는 데 큰 도움이 될 것이다. 걱정하지 말고 부딪쳐라. 어떤 말을 할지 잘 생각하여 정중하고 밝고 자신감 있게 대화를 이끌고 기분 좋은 설문 조사가 되도록 하라.

OJT 감상문 예: 한미약품

감상문은 일기를 쓰듯이 길게 쓰면 좋지 않다. 간략하면서도 중요 부분을 강조해야 한다. 제목을 반드시 쓰고 제약 회사가 강조하는 목표나 주력 제품 등을 거론하며 느낀 것을 적어야 한다.

> '나도 한미약품 MR이다.'
> 첫 필드 경험, 떨렸습니다. 선배를 따라가 말로만 듣던 제약 영업 디테일을 보았습니다. OJT였지만 기대와 긴장이 교차하는 하루였습니다. 당당하게 "한미약품입니다."라고 말하고 원장님에서 디테일하는 선배를 보고 처음에는 조금 긴장했지만 '나도 한 한미약품 MR이다.'라는 자부심이 생겼습니다.
> 병(의)원을 방문할 때마다 원장님 책상에 놓인 한미약품의 플루테롤 천식흡입기가 저의 시선을 끌었습니다. '아! 저 품목을 내가 팔아야겠다. 내가 100억짜리 블록버스터로 만들어야겠다.' 제약 영업 사원마다 끌리는 품목이 있다고 하는데 저에게는 플루테롤이 그것인가 봅니다. "끌립니다. 플루테롤." "팔고 싶습니다. 플루테롤."
> 선배와 동행하며 긴장감은 어느새 자신감으로 바뀌었고 즐거워졌습니다. 선배의 말 한마디를 놓치지 않았습니다. 첫인사, 자

연스러운 일상 대화, 제품 디테일, 끝인사. 저에게는 놓칠 수 없는 영업 노하우였습니다.

선배가 가진 제품 리스트를 보았습니다. 오리지널 품목과 개량 신약, 블록버스터 품목 등 정말로 다양하였습니다. 이런 제품력에 영업력과 한미약품이란 자부심까지. 저는 이제 한미약품이 왜 CP를 도입하고 BBB 등급을 받고 클린 경영과 클린 영업을 할 수 있는지 알겠습니다.

저도 자신 있습니다. '100억 플루테롤 판매. 클린 영업을 통한 한미약품 일등!'

오늘 OJT는 단순한 경험이 아니라 한미약품이 저에게 목표를 정해준 시간이었습니다. OJT를 마칠 무렵 저는 이미 한미약품 MR이 되었습니다.

감사합니다.

4. 기타 핵심 포인트

자주 서류 전형에 떨어지는 사람이라면

지원한 회사마다 서류 전형에서 떨어지는 취업 준비생이 있다. 면접시험에는 자신이 있는데도 서류 전형에서 떨어지니 기회조차 오지 않는다. 서류 전형에서 계속 떨어지면 스펙에 문제가 있다고 생각하기 쉬운데 결코 그렇지 않다. 스펙은 특출한 사람이 아니면 모두 비슷비슷하다. 제약 영업에 특별한 자격증이 필요한 것도 아니고. 기본적인 학점이나 기본적인 어학 점수면 충분하다. 사실 토익 점수가 없는 사람도 서류 전형을 통과하는 경우가 많다.

이런 사람은 대부분 증명사진과 자기소개서에 문제가 있다. 증명사진은 서류 심사의 시작이다. 돈을 들여 잘 찍고 포토샵으로 다듬어 인사 담당자에게 호감을 주는 얼굴로 만들어라. 실제 성형이 아니라 사진 성형이 필요할 때도 있다.

자기소개서를 쓸 때는 여러 번 수정하며 다듬어라. 앞에서 말한 자기소개서 쓰는 방법대로 소제목을 쓰고 간결하게 쓰고 남과 다르게 쓰고 회사의 이슈를 자기 목표와 이야기에 접목하라. 길고 지루하게 가족사와 인생 이야기를 나열하는 식으로 쓰면 안 된다. 스스로 인사 담당자라고 생각하면 어떤 자기소개서를 읽을 때 흥미를 느끼고 끝까지 읽을지 답이 나온다. 자기소개서는 한눈에 쏙 들어오도록 간결하고 독특하고 임팩트가 있어야 한다. 또 하나의 자기소개서를 이 회사, 저 회사에 돌리지 말고 해당 회사의 이슈와 방향에 맞게 내용을 계속 수정하라. 자기소개서는 노력하면 좋아진다.

나이가 많은 취업 준비생이라면

'나이가 많은데 제약 영업에 도전하여 합격할 수 있을까요?'라는 질문도 필자가 많이 받는다. 답은 'Yes'이다. 제약 회사에 들어가는 데

나이는 전혀 문제가 되지 않는다. 나이가 많아도 노력하면 누구나 합격할 수 있다. 필자는 37세이다. 남들이 동안이라고 하지만 제약 영업을 한 지 벌써 10년이 되었다. 필자의 후배 가운데는 40세인 사람도 있다. 운동 쪽으로 특기가 있는 사람인데 늦게 입사한 탓인지 남보다 열심히 한다.

물론 면접에서 나이가 불리한 조건이 될 수 있다. 하지만 준비를 철저히 하면 오히려 플러스 요인이 된다. 단, "나이가 많지만 열심히 하겠습니다."라는 식으로 말만 해서는 안 된다. 지금 입사 시험을 치르는 까닭을 구차하게 설명하는 것보다 그동안 헛되지 않게 멋진 삶을 살았다는 것을 보여주면 된다. 지금까지 자신이 이룬 업적과 자신을 보여줄 스토리를 정하고 그것을 스토리보드로 만들어 가라. 스토리보드란 영화나 드라마, 광고 등에서 전체 시나리오나 스토리를 이해하기 쉽게 하려고 주요 장면을 그림이나 사진, 문장 등으로 이어 붙여 표현한 것이다.

인생 주제를 정하여 다른 지원자보다 나이가 많지만 허송세월하지 않았다는 것을 보여주면 된다. 자격증이 많으면 자격증으로 스토리를 만들고, 아르바이트를 많이 했으면 그 경험을 스토리로 만들고, 공부를 했으면 공부한 분야를 스토리로 만들고, 여행을 다녔으면 여행 경험을 스토리로 만들어라. 여기에 미래 제약 영업 사원으로의 스토리보드를 덧붙이면 더 좋다.

희망 연봉 적기

자기소개서에 희망 연봉을 적으라는 회사가 있다. 취업 준비생 입장에서는 난감하다. 많은 금액을 적자니 눈치가 보이고 적은 금액을 적자니 회사가 자신을 가치가 낮은 사람으로 생각할까 걱정이 된다. 걱정할 것 없다. 회사 내규라고 적는 것이 정답이다. 한글로 적을 수 없으면 숫자 0을 적으면 된다. 혹은 칸수에 맞게 0000이라고 적으면 된다. 대부분 제약 회사 연봉은 직급별로 같다. 수습 기간이 지나고 정직원이 되면 정해진 연봉이 주어진다.

외국계 제약 회사 취업 준비 방법

외국계 제약 회사는 영업 사원을 뽑을 때 경력 사원을 선호한다. 보통 3년차 정도를 선호한다. 경력 사원일 때는 소개나 추천처럼 인맥을 통해 입사하는 경우가 많다. 따라서 신입 사원으로 외국계 제약 회사에 입사할 기회가 많지 않다. 만약 신입 사원 채용 공고가 나오면 철저히 준비해 지원하라.

외국계 제약 회사에는 국내 제약 회사보다 상위권 대학을 나온 사람이 많다. 어학 점수가 필수이고 회화 능력도 중요하다. 면접을 영어로 보는 회사도 많다. 일본계 제약 회사는 일본어 구사가 필요한 경우도 있다. 또 특별한 자격증을 선호하는데 외국계 제약 회사에는 약사 출신이 많다. 약사도 영업으로 시작하는 경우가 많다. 그 밖에 학교 성적, 봉사 활동, 교내외 활동, 어학연수, 인턴 및 사회 경험 같은 다양한 스펙과 경험을 가진 인재를 선호한다. 한편 외국계 제약 회사는 지인의 추천이나 인맥을 통한 입사가 많다. 특히 종합병원 영업 같은 경우는 교수님이나 과장님 추천 등이 많다. 추천으로 입사가 결정된 상태에서 형식적으로 면접을 보는 경우도 많다.

국내 제약 회사에서 외국계 제약 회사로 이직하기

외국계 제약 회사는 3년차 정도의 경력 사원을 선호한다. 또 경력 사원 입사의 반 정도는 인맥을 통한 내부 추천으로 이루어진다. 따라서 3~4년차가 될 때까지 영업 현장에서 "저 친구 일 잘하는데, 저 친구 진짜 대단해."라는 소리를 들을 정도로 영업 지표를 최고로 만들어야 한다. 이렇게 영업 현장에서 이름을 떨치면 원장님이 외국계 제약 회사 지점장에게 추천하기도 하고 외국계 제약 회사 지점장이 스카우트를 제안하기도 한다. 그러려면 인맥 관리가 중요하다. 제약 업계는 무척 좁다. 외국계 제약 회사를 비롯한 모든 제약 회사 직원과 명함을 교환하며 친분을 쌓아라. 친했던 사람이 어느 순간 외국계 제약 회사 팀장이나 지점장이 될 수 있다.

또 평소에 영어 실력을 길러 어학 점수 등을 잘 따놓고, 영문 자기소개서든 한글 자기소개서든 외국계 제약 회사에 맞는 자기소개서를 준비하라. 서류시험에 합격하면 해당 회사에 맞는 면접 준비를 철저히 하라.

취업 성공 사례

대학교 4학년 때 제약 회사에 합격한 취업 준비생 사례를 소개하겠다. 이 사람은 제약 회사 입사를 준비하며 필자에게 조언을 구했었다. 이것을 보면 어떤 준비가 필요한지 짐작이 갈 것이다. 첫째, 그는 철저하게 준비하였다. 지원하는 회사의 사정과 제품을 너무나 잘 알았다. 주력 제품을 모두 외웠고, 의약 전문 매체의 기사를 모두 읽어 회사의 과거와 현재, 미래 구상까지 꿰뚫었다. 둘째, 아는 사람을 활용하였다. 지원하는 제약 회사에 취업한 선배에게 연락해 회사 정보와 면접관 정보 등을 알아냈다. 물론 인사팀 직원에게 자기 이야기를 전해 달라는 부탁은 하지 않았다. 셋째, 말도 잘하고 밝은 성격이라 대화하면 기분이 좋아지는 사람이었다. 그래서 그런지 1차 면접에서 유달리 많은 질문을 받았다. 면접관이 이 사람에게 느낀 감정을 영업 현장에서 만나는 의사 선생님도 느낄 것이다. 넷째, 운도 좋았다. 토익 점수는 800점대였고 남다른 스펙이나 자격증도 없고 자소서도 혼자 썼는데, 서류 심사를 쉽게 통과하였다. 다섯째, 면접 예상 문제를 철저히 연습하였다. 면접에서는 회사가 나아가는 방향과 자기 생각을 조리 있고 자신 있게 말하였다. 조별 과제에서는 돋보이려고 노력하였다. 일부러 리더를 하지 않고 조원에게 도움을 주며 자기 역할을 보여주는 부분을 맡았다. 여섯째, 꿈과 목표가 확고하였다. 이 사람은 제약 회사 입사만 준비하였다. 제약 영업으로 성공하겠다는 꿈이 확고하였다.

합격 Tip

1. 코오롱제약

코오롱제약은 코오롱 그룹의 핵심 계열사로 2015년 업계 순위가 83위이고 매출액이 735억인 중견 제약 회사이다. 비상장 회사이지만 대기업 계열사이다. 코오롱제약과 비슷한 계열사로 원료 및 바이오 관련 업무, 티슈진C 개발을 하는 코오롱생명과학과 W-store 약국 유치 및 운영을 하는 코오롱웰케어가 있다.

코오롱 그룹은 인간미가 넘치는 곳으로 코오롱제약도 이직률이 아주 낮고 직원의 만족도가 상당히 높다. 신입 사원 연봉은 3,600만 원가량으로 수습은 3개월이다. 연봉은 호봉제라 실적과 상관없이 매년 정기적으로 오른다. 또 유류비, 톨비, 주차비, 통신비, 대중교통비, 숙박비 등이 지원되기에 다른 회사 직원들이 부러워한다. 어학원 지원, 중·고등학생 및 대학생 자녀 등록금 지원, 저금리 대출, 복지 카드 등 복지 제도가 우수하다. ETC 담당자와 OTC 담당자가 나눠졌으며 약국 영업은 안 하는 추세이고 큰 거래처만 경우에 따라 거래한다. 콜 관리는 철저하고 현지 출퇴근이다.

 코오롱 그룹은 비전인 'Lifestyle Innovator'를 달성하려고 미래를 그릴 줄 아는 창의, 도전, 긍정, 미래 지향이란 네 가지 키워드에 부합한 인재를 찾는다. 따라서 코오롱제약에 도전하려면 이 키워드를 제약 영업에 창의적인 아이디어, 나만의 새로운 도전 방법, 목표를 향한 긍정적 마인드, 준법 경영 강화 선포를 통한 클린 영업처럼 변형하고 주력 품목을 연결하여 자기소개서를 써라. 특히 클린 경영, 클린 영업에 초점을 두고 자기소개서와 면접을 준비하라. 코오롱제약에서는 2014년 5월에 전 직원이 모여 준법 경영 강화 선포를 하였고 대표 이사는 선의의 리베이트는 없고 리베이트로 영업하려면 회사를 떠나라고 하였다.

 코오롱제약이 보통 사람에게는 많이 알려지지 않았지만 삼아제약과 함께 소아청소년과 영역에 가장 강한 회사이다. 이비인후과와 피부과 영역에도 자리를 잡았다. 내과나 정형외과 영역에도 점점 영업을 확대하고 있다. 주로 호흡기 약물이 많고 오리지널 품목도 갖추었다. 대표적인 오리지널 품목으로 코미시럽과 포스터, 토피솔 밀크로션 등이 있고 포스터라는 흡입용 천식제도 강하게 밀고 있다. 일반 의약품으로는 '변비 비켜!'라는 CF 멘트로 유명한 변비약인 비코그린S가 있다. 이런 대표 품목을 자기소개서나 면접에서 강조하라.

다음은 2015년 코오롱제약 채용 설명회 때 인사담당자가 조언한 공채 팁이다. (1)토익 스피킹, 오픽 점수가 반드시 있어야 한다. 없으면 지원이 안 된다. 최소 점수 기준은 없고 점수만 보유하면 된다. (2)증명사진을 깔끔하게 찍어라. (3)지원 서류에 오타가 있는지 확인하라. (4)인터넷에 떠도는 자소서를 쓰지 마라. 자소서는 글자 수보다 내용이 중요하니 여유 있게 써라. (5)경험담을 제약 영업과 연관하여 써라. 다양한 경험을 중요하게 생각한다. (6)자기가 하고 싶은 말보다 회사가 요구하는 질문에 답하는 것이 우선이다. 질문에 맞는 적절한 답을 하라. (7)본문 내용을 한눈에 알아보도록 강렬한 소제목을 붙여라. (8)코오롱그룹은 모집 정원의 30%를 여성으로 채용하는 것이 원칙이다.ㄹ

2. 일동제약

　일동제약은 70년이란 긴 역사를 지녔고 일동제약 사람들은 '일동맨'이란 자부심이 있다. 따라서 일동제약의 정통성을 거론하며 '나도 일동맨이 되고 싶다, 나는 이미 뼈 속 깊숙이 일동맨이다.'라는 말로 호소하라.

　일동제약은 제품력과 인지도, 브랜드 파워를 갖춘 훌륭한 회사이다. 제품이 아직 업계 일등은 못 했지만 의사에게 인지도가 높고 영업도 잘하는 회사이다. 비오비파나 아로나민 같은 약은 대중적인 브랜드 파워가 상당하다. 큐란, 후루마린, 사미온, 후루목스 같은 일동제약을 대표하는 제품을 거론하며 자신이 일동제약의 대표 블록버스터가 되겠다고 하라. 비오비파나 아로나민 같은 약처럼 자신의 이름을 가지고 원장님에게 브랜드 파워 영업을 하여 영업 현장에서 일등을 하겠다고 하라. 자신만의 노하우 계획을 간단히 언급하면 더 좋다. 또 일동제약이 리베이트 투아웃제를 대비하여 준법 경영 선포식을 했으므로 이를 접목하여 어떻게 클린 영업을 하겠다는 자신만의 준법 영업 선포식을 하라.

　최근에 일동제약은 먼디파마의 메디폼 철수나 녹십자와의 관계로 어려움을 겪었지만 메디폼이 떠난 자리는 메디터치로 대체하고 일동제약은 일동맨이 이끈다는 강한 의지를 보였다. 면접에서 일동제약을 지키겠다는 포부를 강하게 호소하라.

3. 한국먼디파마

　한국먼디파마는 2013년 5월에 있었던 면접에서 다음 내용을 물었다. 면접은 여섯 명이 앉는 테이블에서 3대 3으로 가깝게 마주보며 진행하였다.
　1. MR에 대해 아는가?
　2. MR을 정의하라.
　3. 자신을 영업해보아라.
　4. 의사 선생님이 한국먼디파마 제품을 처방하지 않겠다면 어떻게 설득할 것인가?
　5. 자신의 인간관계는 어떠한가?
　6. 어려운 시기나 시련을 극복한 경험은?
　7. 리더십을 발휘한 경험은?
　한국먼디파마는 2014년에 플루티폼이란 천식흡입기를 출시하여 마케팅을 집중하고 있다. 한국먼디파마는 플루티카손과 포모테롤의 복합제 성분인 이 제품으로 만성폐쇄성폐질환 시장에 도전장을 던졌다. 면접에서 이 플루티폼을 자신의 포부와 열정에 연결하라. 이 제품이 신약이고 앞으로 한국먼디파마의 주력 품목이 될 것이므로 자세한 정보를 인터넷에서 찾아 면접에 활용하면 높은 점수를 받을 것이다. 또 자기소개와 입사 후 포부, 마지막으로 하고 싶은 말에서 임팩트 있는 무기를 준비하라.

4. 한국다이이찌산쿄

한국다이이찌산쿄는 2013년 6월에 있었던 면접에서 다음 내용을 물었다. 한 번에 면접관과 지원자가 각각 세 명씩 들어갔고 대체로 편안한 분위기였다.

1. 다이이찌산쿄에 관하여 아는 것이 있는가?
2. 다이이찌산쿄 제품을 아는 대로 말하라.
3. 자기 발전을 위하여 현재 무엇을 하는가?
4. 시간 관리를 잘하는가?
5. 어려운 시련과 난관을 극복한 경험은?
6. 자기소개를 하라.

5. 한국유나이티드제약

한국유나이티드제약은 면접시험을 먼저 하고 필기시험을 보았다. 조별로 면접을 보았는데 지원자의 자기소개가 끝나고 면접관이 질문하였다. 질문 내용은 한미 FTA와 제약 산업, 북핵 문제에 관한 생각, 지원 동기, 아버지 소개와 배울 점, 졸업 후 한 일, 취미, 특기, 오늘 신문 주요 내용, 주량, 인턴 경험, 이집트 지사 관련 사항 등 다양하다. 시사 상식부터 인성과 전공 관련 질문까지 모든 것을 물었다. 자신감 있게 말하는 태도가 가장 중요하다. 질문이 끝나자 지원자에게 궁금한 것이 있으면 물으라고 하였고 마지막으로 할 말이 있으면 하라고 기회를 주었다. 필기시험에서 영어는 토익보다 조금 어려웠고 주관식 문제도 있었다. 관절이나 한국유나이티드제약을 영어로 쓰라는 문제와 회사 제품 이름을 영어로 쓰라는 문제도 있었다. 시사 상식 문제가 많이 나오므로 신문을 많이 읽으면 도움이 될 것이다.

6. 일성신약

일성신약은 의사라면 모르는 사람이 없을 정도로 오리지널 항생제 시장의 절대 강자이다. 오구멘틴하면 일성신약이고, 일성신약하면 오구멘틴이다. 일성신약은 큐오렐정, 사브정, 코디텐션정, 크로스타정 같은 신제품으로 순환계 시장에 진출하였고, 레이팜주를 자체 생산하여 조영제 시장에 진출하고 신경정신계 시장에 진출하는 등 사업을 확대하고 수출에 주력하여 글로벌 회사로 발돋움하겠다는 비전 2020과 제2의 창업을 선언하였다. 과거에는 대학병원이나 종합병원, 세미급 병원[6] 위주로 영업하며 의원급 의료기관에는 조금 소홀하였지만 지금은 다양한 제품으로 로컬 시장에도 영업력을 기울인다.

일성신약의 3대 슬로건은 과거를 지표 삼아(분석), 미래를 예측하고(기획), 현실을 살아가자(행동)이다.

7. 일양약품

면접관이 일양약품 제품 가운데 아는 것이 있느냐고 묻거나 마지막으로 하고 싶은 말이 있느냐고 물으면 과감하게 손들어 놀텍정을 디테일하라. 최종 면접에는 강한 무기가 필요하다.

"면접관님, 안녕하십니까. 일양약품 신입 사원으로 지원한 ○○○입니다. 오늘은 일양약품의 블록버스터 제품인 놀텍정을 디테일하겠습니다. 놀텍정 10mg은 국산 신약 14호로 출시된 일라프라졸 성분의 세계 최초 3세대 프로톤펌프 길항제인 항궤양치료제로 일양약품이 지난 20년 동안 심혈을 기울여 완성한 대표적 오리지널 품목입니다. 기존 프로톤펌프 길항제의 한계를 극복한 최고의 제품이라고 자부합니다. 놀텍정의 주성분인 일라프라졸은 프로톤펌프 길항제로 위산 분비를 억제하여 십이지장궤양을 치료하는 효능이 뛰어난데, 기존 제품보다 위산 분비를 억제하는 기간이 1~3일 정도 깁니다. 놀텍정 약가는 1,192원이고 증상에 따라 보통 1일 1회로 4주에서 8주까지 처방합니다. 일양약품의 블록버스터 제품 놀텍정과 함께 일양약품의 블록버

---
6. 종합병원보다 작은 병원

스터 제약 영업 사원 ○○○이 되겠습니다. 꼭 뽑아 주십시오. 감사합니다."

 빈손이 아니라 브로슈어나 샘플 약을 보이며 디테일하면 효과가 더 좋다. 브로슈어는 일양약품 홈페이지에 있는 놀텍정 부분을 출력하여 한 장으로 만들고, 샘플 약은 동네 병(의)원에서 처방을 받아 준비하라. 일양약품의 100억대 품목인 놀텍정을 디테일할 수 있다는 점, 디테일 안에 포부를 나타낸 점에서 점수를 받을 것이다.

8. 한미약품

 한미약품은 국내 최고의 메이저 제약 회사로 아모잘탄, 아모디핀, 에소메졸, 가딕스, 카니틸, 팔팔정, 뉴바스트 같은 주력 제품과 코싹엘정, 낙소졸, 로벨리토, 수바스트, 플루테롤 같은 신제품이 있다. 한미약품은 2007년부터 CP(공정거래 자율준수 프로그램)를 도입하여 시스템화한 탓에 공정거래위원회에서 BBB 등급을 획득하였다. 2011년부터 본격적인 CP 제도를 운용하였고 자율준수 관리자와 준법 감시인을 지정하여 전 직원이 클린 경영을 실천하게 하였다.
 한미약품의 주력 제품이나 신제품을 구해 활용하거나 클린 경영과 클린 영업을 위한 자신만의 영업 노하우 전략을 발표하거나 국내 최고 제약 회사에 입사하려고 준비한 과정을 소개하는 등의 전략을 짜자. UCC 동영상, 포트폴리오, 명함, 스토리보드, PR 브로슈어 등도 활용하라.

9. CJ헬스케어

CJ헬스케어와 관련한 제약 영업 현장 이슈로 크레스토를 들수 있다. 아스트라제네카가 생산한 고지혈증 약인 크레스토의 특허가 풀리며 수많은 제약 회사에서 복제 약이 쏟아졌다. 유한양행은 오리지널 제품인 크레스토를 공동 프로모션 형식으로 판매하였고 CJ헬스케어는 같은 크레스토 제품을 이름만 바꾸어 비바코라는 이름으로 판매한다. 즉 유한양행과 CJ헬스케어가 오리지널을 판매하는 셈이다. 2014년 4월 통계로 CJ헬스케어 비바코가 크레스토 시장에서 점유율 2위를 차지하였다.

면접에서 비바코에 포부와 목표를 접목하여 비바코를 어떻게 판매할 것인지 밝히면 면접관에게 좋은 점수를 받을 것이다. 또 CJ헬스케어가 2018년까지 매출 1조 원 돌파를 목표로 정했으므로 이 목표에 기여할 자신의 장기 프로젝트를 발표해도 좋을 것이다. 이렇게 면접에는 최근 이슈나 제품, 회사가 내건 목표를 자기 것으로 만들어 발표해야 한다.

10. 대원제약

대원제약은 2014년 2월에 진해거담제인 코대원포르테라는 신제품을 출시하여 대대적으로 마케팅하였다. 코대원포르테는 오리지널인 유한양행의 코푸시럽을 파우치 즉, 포 형태로 만든 것으로 시장에서 반응이 아주 좋다. 가까운 내과나 이비인후과를 찾아 감기 환자인 척하고 원장님에게 코대원포르테를 처방받아 면접에 가져가라. 성인용은 20cc 파우치 포장이다. 면접관에게 코대원포르테를 보이며 자신의 포부와 목표에 접목하여 당당하고 임팩트 있게 발표하라. 지금 해당 회사가 집중하는 제품을 면접장에 가져가 포부나 목표와 연결하면 큰 무기가 된다.

11. 동아ST

동아ST 2차 면접 1분 디테일을 할 때는 먼저 제품 선정을 잘해야 한다. 회사가 주력하는 품목으로 해야지 그렇지 않은 제품으로 하면 반응이 좋지 않다. 1분 디테일에서 약을 간단히 설명해야 하는데 성분, 효과와 효능, 특징과 장점, 용법이나 용량, 가격 등을 말하면 된다. 또 장점 위주로 말하고 단점은 거론하지 않는 것이 좋다. 경쟁사 제품을 말할 때는 약 이름을 말하지 말고 성분명을 말하라. 예를 들어 자이데라를 디테일하면 경쟁 제품인 비아그라를 거론하지 말고 Sildenafil(비아그라 성분명)을 거론하라. 1분 디테일은 암기한 내용을 말하는 것처럼 보이면 안 된다. 간간이 미소를 띠며 자연스럽고 여유 있게 하라. 긴 내용을 1분에 맞추려 말고 간결하고 편안하게 발표해라.

디테일할 제품을 실제로 가져오면 효과가 좋다. 실제로 영업 사원이 병(의)원에서 디테일할 때도 약 샘플을 활용한다. 취업 준비생이 샘플을 구할 수 없으니 병(의)원에서 처방을 받아 가져가라. 이렇게 약을 가져와 디테일하면 면접관이 감동한다.

디테일할 제품의 브로슈어[7]를 구해서 가져가라. 영업 사원이 디테일할 때도 브로슈어를 원장님에게 보이며 하는 것이 정석이다. 브로슈어를 구하기 어려우면 직접 만들어라. 그 열정에 면접관이 감동할 것이다.

디테일할 때는 면접관을 원장님으로 생각하고 실제로 진료실 안에서 하는 것처럼 연출하라. 면접관을 원장님으로 생각하고 디테일하라. 또 바로 디테일을 시작하지 말고 첫인사로 시작하여 끝인사로 깔끔하게 마무리하라. 가장 중요한 것은 디테일이다. 첫인사와 끝인사가 디테일보다 길면 안 되니 자연스럽고 짧게 하라.

---

7. 1~3장짜리 제품 설명서

2장
제약 영업 성공하기

제약 영업이란?

필자는 제약 영업에 도전하는 취업 준비생을 많이 만났다. 이들 가운데는 제약 회사에 들어오기 전에 걱정부터 하는 사람이 많았다. 제약 영업이 육체적으로 힘들다던데 그런가요? 원장님이 머슴처럼 부리거나 비인격적으로 대한다던데 그런가요? 제약 회사가 군대 조직처럼 엄격한가요? 제약 영업으로 승진이 잘 되나요? 돈은 잘 버나요? 실적이 나쁘면 회사에서 내쫓기나요? 같은 질문을 내게 던졌다. 취업 준비생뿐만 아니다. 제약 영업 사원 가운데도 일도 못하고 불만이 가득한 사람이 있다.

제약 영업이 그리 어려울까? 필자는 이 질문에 답하기 전에 한 가지 묻고 싶다. 영업 직군 가운데 쉬운 것이 있을까? 중고차 영업이 쉬운가? 보험 영업이 쉬운가? 수입차 영업이 쉬운가? 또 다른 영업은 쉬운가? 필자도 신입 사원 때는 처음 하는 영업이라 고생스러웠다. 하지만 영업 노하우를 연구하고 요령을 터득하고 제품 공부를 열심히 하고 원장님과 친분을 쌓고 나만의 전략을 세우며 차츰차츰 발전하였다. 지금은 제약 영업이 너무나 쉽고 재미있다. 제약 영업은 필자에게 많은 것을 주었다. 물질적 혜택은 물론이고 큰 꿈과 목표를 심어주었다.

1. 아는 사람에게만 보이는 보물섬, 제약 영업

제약 영업은 다른 영업과 비교할 때 다음과 같은 장점이 있다. 첫째, 기본 연봉이 높다. 신입 사원 초봉이 보통 3,600만 원 이상이고 실적과 상관없이 월급이 보장된다. 연봉은 호봉이 오를 때마다 오르며 승진하면 더 오른다. 둘째, 매일 3~7만 원의 일비가 현금으로 나온다. 셋째, 안정적인 직업이다. 실적이 좋으면 특진하고 근속 연수에 따라 승진하며 정년까지 다니는 사람도 많다. 넷째, 많은 제약 회사가 유류비나 주차비, 톨비, 숙박비, 통신비 같은 영업에 들어가는 비용을 정산한다. 다섯째, 담당 지역에서 의사라는 특정 소수만을 대상으로 영업한다. 이런 형태는 자동차나 보험 영업, 증권 영업처럼 불특정 대상을 상대하는 것보다 영업이 쉽고 안정적이며 주변 사람에게 신세 질 일이 없다. 여섯째, 제품을 파는 것이 아니라 제품 정보를 전달한다. 대한민국 최고 엘리트인 의사 집단에 제품 정보를 전달하므로 높은 전문성이 필요하다. 일곱째, 제품을 팔아 수당을 받는 다른 영업보다 인센티브 제도가 많다. 기본 연봉도 높은데 인센티브 제도를 잘 활용하면 고액 연봉자가 될 수 있다. 여덟째, 학자금 지원, 대출, 콘도 이용, 복지카드 등 직원을 위한 복리후생 제도가 잘 되어 있다.

제약 영업 사원은 약을 팔지 않는다.

ETC 제약 영업은 다른 영업처럼 상품을 팔지 않는다. 약을 판매하는 것이 아니라 약의 정보를 제공하는 사람이다. 원장님이 전문 지식을 지닌 전문가이지만 모든 약을 알지 못한다. 자주 처방하는 약은 잘 알지만 수많은 약, 특히 신제품을 알기 어렵다. 제약 영업 사원은 이런 의약품 정보를 원장님에게 정보 제공을 하며 디테일을 하는 업무를 한다. 당연히 자기 회사 제품과 관련한 사항은 모두 알아야 한다.

제약 영업 사원은 약을 갖고 다니지 않고 배송도 하지 않는다. 전문 의약품 목록, 제품 브로슈어, 임상 자료, 논문 자료, 샘플 등으로 약 정보를 제공한다. 약국 직거래나 원내 약품 직거래를 하는 제약 회사는 유통 경로가 다를 수 있지만, 보통 외국계 제약 회사와 국내 메이저 및 중견 제약 회사는 영업 사원이 제품을 디테일하며 정보를 제공하면 된다. 약의 납품과 배송은 전문 배송 업체에서 담당한다.

제약 영업, 즐겨야 한다.

현역 제약 영업 사원과 이야기하다 보면 반은 회사 욕이고 반은 지점장 욕이고 반은 원장님 욕인 경우가 있다. 긍정적인 이야기는 없고 하나같이 불만이다. 과연 제약 영업이 그렇게 재미없고 힘들까? 그렇지 않다. 어느 영업보다 좋은 직업이다.

제약 영업은 즐겨야 한다. 스트레스를 받으며 억지로 일하면 결코 오래할 수 없는 것이 제약 영업이다. 병(의)원을 방문하여 원장님과 만나고 대화하는 것을 즐겨라. 밖에서 돌아다니는 것을 즐겨라. 회사 약을 신규하여 실적을 올리는 것을 즐겨라. 남과 경쟁하여 이기는 것을 즐겨라. 필자는 제약 영업이 재미있다. 10년 동안 일하며 어려운 일도 있었고 슬럼프도 있었지만 항상 긍정적으로 즐겁게 일했다. 너무 많은 병(의)원을 방문하여 체력적으로 힘들거나 신규가 안 되거나 매출이 감소하는 등 어려운 일도 많았다. 하지만 긍정적인 마인드로 일을 즐겼다. 이 일이 나에게 최고의 직업이고 앞으로 최고 영업 사원이 되겠다고 생각하니 자연스럽게 일이 즐거워졌고 실적도 올랐다.

제약 영업, 몇 년을 할 수 있을까?

제약 영업을 얼마나 할지는 정해져 있지 않다. 제약 회사 뿐만 아니라 삼성전자나 현대자동차에서 일하는 사람도 자신이 언제까지 일할지 모른다. 제약 영업을 얼마나 할지가 문제가 아니라 자기 꿈과 목표가 무엇인지가 문제이다. 스스로 생각하고 결정해야 하는 것이다.

보통 제약 영업을 12년가량 하면 길이 나뉜다. 대기업 정년이 60세로 늘었으니 그때까지 병(의)원 영업을 할 것인가, 관리직이 될 것인가를 정해야 한다. 관리직이 되려면 평범한 영업 사원이면 안 된다. 실적도 상위 매출자가 되어야 하며, 조직 내 인간관계도 좋아야 하며, 승진도 해야 한다. 대략 12년이면 직급은 차장 정도가 될 것이고 관리직으로 옮길 기회가 주어진다. 주로 영업부 지점장이나 팀장을 하게 된다.

이때를 놓치면 정년까지 영업을 할 수도 있다. 영업 현장에서 종종 50대 영업 사원을 만난다. 물론 그분도 현실에 만족하기에 정년까지 제약 영업을 한다.

또 영업부 관리자로 어느 정도 성공하면 그다음은 여러 부서의 요직을 맡아야 한다. 영업부에만 있으면 우물 안 개구리가 될 수 있다. 마케팅 팀장, 개발부 팀장, 인사팀 팀장, 감사팀 팀장, 재무팀 팀장, 회계팀 팀장 등 여러 부서를 경험해야 가치가 오른다. 필자의 최종 목표는 첫 직장에서 임원을 하고 정년퇴직하는 것이다.

2. ETC 영업과 OTC 영업의 모든 것

ETC 영업이란 의사를 상대로 제약 영업을 하는 것으로 로컬 영업과 종병 영업이 있다.

로컬 영업은 의원급 의료기관이 대상이며 보통 구(區)마다 한 명의 담당자가 있다. 큰 회사는 담당자가 2~3명 있기도 하고 작은 회사는 몇 개 구를 묶어 1명의 담당자를 둔다. 또는 산부인과 담당자, 소아청소년과 담당자, 내과 담당자 식으로 과별 담당자를 두는 경우도 있다. 이들은 병(의)원을 방문하여 원장님과 친분을 쌓고 제품을 디테일하며 약을 처방하게 한다. 하지만 수많은 제약 회사가 병(의)원을 방문하므로 경쟁이 치열하다. 방문하는 영업 사원이 너무 많아 원장님이 만나 주지 않는 경우도 있다. 따라서 자주 방문하여 디테일하고 원장님과 친해져야 한다. 로컬 영업은 원장님과의 유대 관계만으로 약을 바꿀 수 있는 장점이 있다. 병(의)원에서 자기 회사 약을 처방하기 시작하면 도매 업체를 통해 문전 약국에 약을 준비한다. 직거래를 하는 제약 회사라면 영업 사원이 주문을 넣을 수도 있다. 영업 사원은 도매 업체를 통해 약을 넣은 실적이나 직거래 실적 또는 병(의)원에서 뽑아주는 약 소모량 통계로 실적을 증명한다.

종병 영업은 지역마다 한두 개 있는 대학병원이나 종합병원이 대상이다. 종합병원은 규모가 크고 의사와 간호사도 많고 의료진도 인턴, 레지던트, 교수님 등으로 나뉜다. 대학병원이나 종합병원은 오리지널 약을 선호한다. 따라서 제약 회사는 병원에 코드가 세팅된 품목 가운데 오리지널 위주의 좋은 제품으로 영업한다. 종병 영업은 약을 신규하고 바로 처방이 나오는 구조가 아니다. 약품 선정 심의위원회 DC[8]를 통과해야 하고, 통과 후에는 코드가 세팅되고 처방이 나오기까지 많은 시간과 투자와 노력이 필요하다. 세미나나 학회, 심포지엄 등도 많고 영업 사원도 교수님을 상대해야 하니 전문적인 지식이 필요하다. 어설픈 제품 디테일은 금물이고 친분만으로 일하기는 어려운 곳이다. 해당 약이 얼마나 많은 연구를 했고, 그 연구로 어떤 결과물이 어느 정도 있고 신뢰받는 학술지의 평가를 받았다는 것을 교수님에게 제시해야 한다. 이런 것을 임상 자료라 한다. 종병 영업 실적은 도매 업체 자료나 병원 약 소모량 등으로 평가한다.

OTC 영업이란 약국에 일반 의약품을 판매하는 영업이다. 보통 한 영업 사원이 50~100개의 약국을 대상으로 영업하는데, 의사의 처방 없이 판매하는 일반 의약품을 취급한다. 병(의)원과 달리 약국에서 바

---

8. Drug Committe

로 약사님을 만나 일반 의약품을 디테일한다. OTC 영업 역시 회사의 인지도와 브랜드 파워, 제품력이 중요하다. 소비자가 광고를 보고 쉽게 찾는, 대중에게 알려진 브랜드 파워 제품, 효과가 입증된 제품, 회사 인지도와 함께 빛을 보는 제품이 좋다. OTC 영업을 하려면 부지런해야 한다. ETC 영업보다 많은 거래처를 방문해야 하고, 판매, 수금 등의 업무를 수행해야 한다. 따라서 기동력이 있어야 유리할 수 있다.

 OTC 영업에 강한 제약 회사도 많다. ETC 영업보다 OTC 영업에 집중하고 규모가 상당히 큰 제약 회사이다. 한편 OTC 영업 사원의 기동력과 영업을 위해 승용차를 제공하는 제약 회사도 있다. 몇몇 OTC 전문 제약 회사는 외국의 프로 축구 구단을 공식 후원하거나 여러 가지 사회 공헌 활동을 한다. OTC 영업도 인지도가 어느 정도 있고 제품력을 갖춘 제약 회사에서 하면 충분히 성공할 수 있다. OTC 영업과 ETC 영업은 영업 방법이 다르므로 올바른 방법을 선배에게 배우거나 자신만의 영업 노하우를 터득해야 한다.

 건강기능식품 영업도 있다. 줄여서 건식 영업이라 하는데 이마트나 홈플러스, 홈쇼핑, 인터넷 쇼핑, 약국 등에 건강기능식품을 파는 것이다. 세계적으로 건강기능식품이 주목을 받고 국내 시장도 커지고 있다.

 회사에 들어와 한 번 분야를 정하면 바꾸기 어려우니 신중히 정해야 한다. 무조건 어느 분야가 좋다고 말하기는 어렵지만, 자신의 적성이 맞게, 자신의 제약영업 목표에 맞게 분야를 선택해야한다.

약국 직거래와 약국 비거래

약국 직거래를 하는 제약 회사 영업 사원은 병(의)원과 약국을 모두 다녀야 한다. 병(의)원 원장님에게 제품을 디테일하여 처방하겠다는 이야기를 들으면 문전 약국 약사님에게 병(의)원 원장님이 우리 회사 약을 쓰겠다고 하였으니 약을 보내겠다고 말한다. 그런 다음에 영업 사원이 개인 PDA로 주문을 넣거나 회사 영업 관리 여직원에게 주문을 넣으면 전문 배송 업체가 약을 배송한다.

영업 사원 실적이 약국 주문 금액과 수금 금액으로 결정되므로 실적이 확정되는 월말이면 병원과 약국을 다니느라 무척 바쁘다. 보통 병(의)원 하나에 약국이 1~2개 이상이므로 병(의)원 거래처가 50곳이면 약국 거래처는 50~100곳이 된다. 또 목표를 맞추려면 중간중간 매출 진도율을 확인해야 한다.

약국 직거래를 하지 않는 제약 회사 영업 사원은 병(의)원만 다니면 된다. 원장님에게 제품을 디테일하여 처방하겠다는 이야기를 들으면 문전 약국 약사님에게 우리 회사 약을 준비해달라고 부탁한다. 그러면 약사님이 도매 업체에 약을 주문하고, 도매 업체가 배송과 수금을 맡는다. 제약 영업 사원이 판매와 수금을 하지 않으므로 체력적으로는 편할 수 있다. 보통 외국계 제약 회사는 대부분 약국 직거래를 하지 않는다. 국내 메이저 및 중견 제약 회사도 대부분 약국 직거래를 하지 않는 추세이다. 이러면 제약 영업 사원이 병(의)원 제품 디테일에 집중할 수 있다. 약국 직거래를 하지 않지만 원내 직거래를 하는 제약 회사는 병원에 제품을 판매하고 수금을 하는 경우도 있다.

- 약국 직거래가 없는 제약 회사 -

유한양행, 녹십자, 안국약품, 현대약품, 환인제약, 한미약품, 한화제약, 휴온스, LG생명과학, 대원제약, 광동제약, 동성제약, 동화약품, 건일제약, 부광약품, 동아ST, 코오롱제약, CJ헬스케어, 제일약품, 일동제약, 보령제약, 한독, 대화제약, 한림제약, JW중외제약, 일양약품, 삼일제약, SK케미칼

- 약국 직거래를 하는 제약 회사 -

삼진제약, 영진약품, 태준제약, 종근당, 한올바이오파마, 유유제약, 유나이티드제약, 국제약품, 신풍제약, 명문제약, 유니메드제약, 명인제약, 고려제약, 삼아제약, 알보젠(드림파마, 근화제약), 이연제약, JW중외신약

약국 수금, 어렵지 않나?

제약 영업 사원이 약국에서 수금할 때 속된 말로 '쁘로'라고 하는 금융 비용을 지급한다. 30일 회전에 약값의 1.8%, 60일 회전에 약값의 1.2%, 90일 회전에 약값의 0.6%가 약사법 제47조에 명시된 합법적인 금액이다.

간혹 합법적인 금융 비용에 만족하지 않는 약사님이 많은 쁘로를 요구하고 판매와 수금 실적에 관한 압박으로 자기 돈으로 금융 비용을 지불하는 영업 사원이 있다. 하지만 절대로 이러면 안 된다. 약사님이 정해진 금융 비용 이상을 요구하면 정중히 거절하고 약사법에 맞게 지급해야 한다. 이 또한 영업 사원의 역할이고 능력이다. 약국 직거래를 하는 제약 영업 사원은 판매 목표 달성과 함께 수금 목표 달성에도 신

경써야 한다. 하지만 특별한 경우가 아니면 대부분 약사님은 수금을 잘 해주니 크게 걱정하지 않아도 된다.

원외 처방과 원내 처방

  의약분업 전에는 병(의)원에서 환자 진료와 약 조제를 함께했다. 하지만 의약분업 이후에는 병(의)원은 진료 환자에게 처방전을 발급하고 환자는 그 처방전을 약국에 가져가 약을 조제한다. 이것이 원외 처방이다.
  모든 병(의)원이 항상 원외 처방을 하는 것은 아니다. 예외가 있다. 정신건강의학과처럼 특수한 진료과나 입원 환자, 응급실의 야간 진료 같은 경우는 병(의)원이 직접 약을 조제할 수 있다. 또 예외적인 상황이 존재하며 약국이 없는 외지나 국가가 지정한 곳도 마찬가지이다.
  보통은 원외 처방 비중이 훨씬 크다. 이 탓에 간혹 국공립 병원이나 종합 병원 원내 약품 입찰에서 약 공급자가 낙찰가로 일 원을 써내는 '일 원 낙찰'이란 일이 일어나기도 한다. 제약 회사나 도매 업체가 몇 백 원짜리 약을 단돈 일 원에 납품하는 손해를 왜 볼까 하고 의구심이 들겠지만, 보통 원내 처방 비중이 10% 미만이라 원외 처방 매출로 손해 본 10%를 메꿀 수 있다.

CSO 영업

CSO 영업이란 여러 제약 회사의 약을 대행하여 판매하는 판매 대행 영업이다. 즉 한 판매 대행 회사가 여러 제약 회사의 제품을 가지고 영업하는 것이다. CSO 영업은 자신이 제약 영업에 자신이 있고, 영업력과 인맥, 노하우가 어느 정도 있으면 충분히 빛을 볼 수 있는 분야이다. 또 전문 영업 인력으로 영업하는 규모가 크고 체계가 잡힌 CSO 회사도 있다. 하지만 리베이트 투아웃제 이후에는 제약 업계 분위기와 사회 분위기가 크게 바뀌었다. 공정 경쟁 규약에 맞는 영업, 클린 영업 및 준법 경영 강화 선포 등 달라진 제약 업계 분위기에서 CSO 영업이 앞으로 어떻게 나아갈지 지금은 알기 어렵다.

실적 인정을 못 받는 자기 회사 약

　보통은 거래 병(의)원 원장님이 월초에 사용 약품 통계 자료를 뽑아준다. 그런데 통계 자료에 모르는 제품이 있는 경우가 있다. 분명히 자기 회사 제품인데 왜 모를까? 자기 회사는 생산만 하고 판매는 다른 제약 회사가 하는 제품이기 때문이다. 이것을 OEM 제품이라 한다. OEM 제품은 원장님이 처방을 내리는 컴퓨터 프로그램에서는 생산하는 제약 회사 이름으로 올라 있으므로 통계 자료에는 나온다. 하지만 회사는 실적으로 인정하지 않는다. 이런 제품을 거래처 원장님이 사용하면 실적이 다른 회사 영업 사원에게 돌아간다. 한편 품목 도매나 총판 도매, CSO에서 자기 회사 제품을 팔았을 때도 품목이 겹쳐 실적으로 인정을 못 받는 경우가 있다.

3. 오리지널과 제네릭 제품의 모든 것

약에는 오리지널 제품과 제네릭 제품이 있다. 오리지널 제품은 해당 성분을 처음으로 개발한 신약이다. 특허 기간이 끝나기까지 독점적으로 판매되므로 영업 사원 입장에서는 판매가 쉽다. 또 특허가 끝난 다음에도 약을 처방하는 원장님에게 익숙하므로 판매가 유리하다. 제네릭 제품은 오리지널 제품의 특허 기간이 끝나자 다른 제약 회사가 약효 동등성이나 생동성 실험을 거쳐 동일 성분으로 만든 약이다. 생동성 실험이란 생물학적 동등성 실험을 말하는데 제네릭 제품이 오리지널 제품과 효과가 같은지 시험하는 것이다. 이 생동성 실험을 할 때 기준으로 삼는 의약품을 대조약이라 한다.

모든 제네릭 제품이 생동성 실험을 하는 것은 아니다. 한 것도 있고 하지 않은 것도 있다. 따라서 오리지널이 아닌 제네릭 제품이라도 생동성 실험을 거쳤다면 원장님이 더 신뢰한다. 한편 생동성 실험에서 기준이 되는 대조약이 모두 오리지널 제품인 것은 아니다. 대조약을 정할 때 신약 같은 오리지널 제품이 우선이지만 원 개발사 선발 허가 제품, 다빈도 처방 제품, 단일 허가 제품 등으로 정할 수도 있다. 즉 현장에서 오리지널 제품보다 많이 처방되는 제네릭 제품도 대조약이 될 수 있다.

제네릭 제품은 단순한 복제 약이 아니다. 동일한 성분으로 그대로 따라 만드는 것이 아니라 제형, 포장, 가격 등에서 오리지널 제품을 능가할 정도로 업그레이드한다. 제네릭 제품도 그들만의 강점이 있다. 한미약품의 팔팔정은 오리지널 비아그라보다 가격이 1/3로 저렴하다. 환자의 경제적 부담을 줄였기에 환자의 반응이 뜨거울 수밖에 없다. 오리지널 비아그라는 정제이지만 삼아제약의 비아신 세립은 세립 형으로 지갑에 쏙 들어갈 만큼 얇고 물 없이 먹는 가루약이다. 코오롱제약의 코푸진 파우치는 오리지널인 유한양행 코푸시럽의 맛을 개선하였고 파우치 형태로 포장하여 편리성과 휴대성이란 장점을 살렸다. 코오롱제약의 튜란트 시럽은 오리지널인 한화제약의 뮤테란 캡슐을 시럽 형태로 만들어 소아 환자의 복약 순응도를 높였다. 이처럼 제네릭이 오리지널보다 맛이 좋아 복약 순응도가 높은 제품도 있고, 체내 흡수율이 빠른 제품도 있고, 보험 약가가 낮아 환자 부담금을 줄이는 제품도 있고, 약 크기가 작아 먹기 편한 제품도 있다. 원장님에게 제네릭 제품을 소개할 때는 강화된 제네릭 제품의 장점을 말해야 한다. 로컬 영업에서 원장님과의 친분으로 처방약을 자기 회사 제네릭 제품으로 바꿀 수도 있겠지만 자기 회사 제품의 장점을 호소할 때 성공 확률이 높다.

마케팅 능력이 뒷받침하지 않으면
오리지널 제품 영업도 쉽지 않다.

보통 오리지널 제품이 많은 제약 회사를 좋은 회사로 생각하고 오리지널 제품 영업을 쉽게 생각한다. 어느 정도는 맞는 말이다. 자신만 가진 오리지널 제품으로 영업한다는 것만으로도 힘이 난다. 하지만 오리지널 제품 영업이라고 무조건 쉽지 않다.

오리지널 제품이라도 필드에서 반응이 원장님이 알아주지 않으면 의미가 없다. 예를 들어 모터쇼에 선보이는 컨셉카는 멋지고, 신기하고,

타보고 싶다. 하지만 아무리 멋진 컨셉카라도 마케팅과 홍보 지원이 없고 대중적으로 보급하지 못하면 컨셉카일 뿐이다. 판매와는 상관이 없다. 약도 마찬가지이다. 오리지널 제품이라도 회사의 마케팅 능력 부재로 원장님이 알지 못하면 영업 사원에게 도움이 되지 못한다.

보통 제약 회사는 오리지널 제품을 출시하면 심포지엄이나 학회 등을 개최하고 대학병원과 종합병원의 교수님에게 제품 출시를 홍보한다. 여러 영업 활동으로 대학병원과 종합병원에서 처방이 되게 한 다음에 점차 로컬 병(의)원에 퍼지도록 한다. 이렇게 대학병원과 종합병원에 집중하면 점차 로컬 병(의)원에서도 약이 처방되므로 외국계 제약 회사는 로컬 영업에 많은 비중을 두지 않는다. 하지만 몇몇 하위권 국내 제약 회사는 오리지널 제품이 있어도 대학병원과 종합병원 영업력이 약하여 로컬 병(의)원에서도 오리지널 제품이 큰 힘을 발휘하지 못한다. 로컬 병(의)원 원장님은 대학병원과 종합병원에서 검증되지 않는 오리지널 약을 쉽게 쓰지 않는다. 이처럼 오리지널 제품 영업이 무조건 쉽지 않다. 원장님의 제품 인지도나 회사의 마케팅 능력에 따라 제네릭 제품보다 못할 수도 있다. 이미 알려진 제네릭 제품이라면 알려지지 않은 오리지널 제품보다 영업이 쉽고 처방도 많이 나온다.

제약 회사의 마케팅 능력이란 약품 출시 전 시장조사, 제품 런칭을 위한 심포지엄과 영업 현장에서의 제품 설명회, 판촉물과 브로슈어, 샘플 등의 제작 및 배포, 제품 관련 프로모션, 영업 사원 인센티브 정책 등을 모두 포함한다. 제약 영업은 단순히 영업 사원의 능력만으로 할 수 있는 것이 아니다. 마케팅이 뒷받침되어야 영업 사원이 현장에서 편하게 디테일하고 마케팅 능력과 영업력이 조화를 이룰 때 최고의 효과를 얻는다. 보통 메이저나 중견 제약 회사는 마케팅 부서가 크며 마케팅 능력이 뛰어난 반면, 규모가 작은 하위권 제약 회사는 상대적으로 마케팅 능력이 부족하다.

4. 디테일의 모든 것

디테일이란 자기 회사 제품 정보를 원장님에게 전달하는 것이다. 제약 영업 사원이라면 반드시 제품 디테일 능력을 갖춰야 한다. 디테일을 잘 하려면 먼저 제품을 잘 알아야 하고 제품을 잘 알리면 공부해야 한다. 약 브로슈어에 있는 내용을 주마간산 식으로 훑어보는 것은 공부가 아니다. 해당 약의 성분, 기전, 효능과 효과, 인체 내 반응, 다른 약과의 비교뿐만 아니라 해당 약을 쓰는 질병에 관한 내용까지 모두 알아야 한다. 원장님의 어떤 질문에도 답변할 준비가 되어야 하고 PM에 버금가는 지식이 있어야 한다. 또 원장님에게 핵심을 간단하고 알기 쉽게 전달하는 발표 기술이 있어야 한다. 신입 사원 연수원이나 회사 워크숍 등에서 교육을 받지만 혼자서도 틈틈이 프레젠테이션(PT) 연습을 해야 한다.

제약 영업 사원, 이제 PM이 되어라.

제약 영업에서 가장 기본이 되는 것은 디테일 능력이다. 회사 제품을 원장님에게 정확하고 설득력 있게 알려야 한다. 따라서 제품 지식과 디테일 능력을 PM[9] 수준으로 높여야 한다. 외국계 제약 회사는 영업 사원에게 제품 공부와 프레젠테이션 연습을 엄청나게 시킨다. 그 결과 원장님에게 디테일을 능숙하게 할 뿐만 아니라 제품 설명회에서 직접 프레젠테이션을 할 정도의 실력이 만들어진다. 국내 제약 회사 영업 사원도 이 정도가 되어야 한다. 디테일 없이 브로슈어를 내밀고 감성 영업에만 의존하는 영업은 지양해야 한다.

최근에는 국내 제약 회사도 제품 설명회에서 PM 대신 영업 사원이 직접 프레젠테이션을 한다. 과거처럼 PM이 동행 방문하여 발표하지 않고 담당자인 영업 사원이 직접 발표하고 질의응답에 응한다. 이제 제약 영업 사원도 PM만큼 제품에 관한 전문 지식을 가져야 한다.

디테일 영업이 가장 중요하다.

가끔 디테일 능력이 부족하지만 실적이 좋은 영업 사원을 만난다. 디테일도 안 하고 원장님에게 제품 브로슈어를 내밀며 약을 써달라고 하는데 신기하게도 처방이 나온다. 이런 사람은 디테일 능력이 떨어지지만 다른 방법, 즉 감성 영업이나 성실함, 부지런함으로 승부를 본다. 물론 이것도 영업의 한 방법이지만 바른 방법은 아니다. 감성 영업이나 성실함, 부지런함이 제약 영업의 주가 되면 안 되고 디테일 영업을 돕는 역할을 해야 한다. 만약 이 사람이 디테일 능력까지 갖췄더라면 실

---

9. Product Manager

적이 훨씬 좋았을 것이다. 원장님도 이 사람이 권하는 약을 신뢰하며 편안한 마음으로 썼을 것이다. 우리 회사는 제네릭 제품만 있어 디테일 연습이 필요 없다는 영업 사원도 있는데 어리석은 생각이다.

디테일 영업을 잘하고 싶으면 자신만의 디테일 포켓북을 만들어라. 작은 포켓북에 주력 제품, 자신 있는 제품의 디테일을 정리하라. 또 원장님 면담 전 병(의)원에서 대기할 때나 점심시간, 휴식 시간에 틈틈이 공부하고 연습하라.

회사 제품을 모두 외워라.

요즘은 냉장고나 텔레비전, 에어컨 같은 가전제품을 사러 하이마트에 가도 직원이 달라붙어 제품을 자세히 설명한다. 궁금한 것을 물었을 때 "잠깐만요. 브로슈어를 보고 오겠습니다."라고 하는 직원은 없다. 제약 영업 사원은 질병을 치료하는 약을 취급한다. 가전제품을 파는 직원보다 훨씬 나아야 한다. 하이마트 직원이 자기가 파는 제품을 외우듯 제약 영업 사원도 자기 회사 제품을 모두 외워야 한다. 원장님이 "이 약 성분이 뭐지?"라고 물었을 때 "원장님 잠깐만요."라며 가방을 뒤져 제품 리스트를 펼쳐 성분이 무엇인지 찾으면 원장님에게 믿음이 생기겠는가? 적어도 제품명, 제품 성분, 효능과 효과, 용법과 용량, 제품 약가 이 다섯 가지는 반드시 외워야 한다. 또 해당 제품의 장점과 단점, 경쟁 제품까지 숙지해야 한다. 특히 수시로 바뀌는 제품 약가에 관심을 기울여라.

또 병(의)원을 방문하다 보면 원장님이 생각지도 않게 "당신 회사에 ◆◆◆성분의 약이 있나?"라고 묻는 일이 있다. 원장님이 그 성분의 약을 처방하겠다는 신호다. 회사 제품을 모두 외웠으면 즉시 응대할 수 있다. 특징과 장점을 말하고 샘플을 전달해야 한다. 해당 성분의 약이 없으면 "원장님 ◆◆◆성분은 없지만 효과가 비슷한 □□□성분의 제품이 있습니다."라고 대답해야 한다.

제품을 정확히 알고 디테일하라.

제약 영업 사원에게 제품 공부를 언제 가장 열심히 했느냐고 물으면 대부분은 신입 사원 연수원에 있을 때라고 대답한다. 이 시기는 현장에서 제약 영업을 한 경험이 없어 이론부터 제품 성분, 약리 기전, 효능과 효과, 용법과 용량, 경쟁 제품까지 닥치는 대로 외운다. 시험을 보니 외우지 않을 수가 없다. 하지만 연수원을 나와 담당 지역에 배치되어 현장에서 영업하다 보면 상황이 복잡하다. 제품 지식만으로는 영업이 안 된다. 하루에도 많은 병(의)원을 다녀야 하고 병(의)원에 가도 원장님이 만나 주지 않고 원장님을 만나도 할 이야기도 없고 회사일도 바쁘고 팀 회식도 많고 콜 관리도 해야 하고, 신경쓸 것이 한두 가지가 아니다. 제품 말고 다른 일에 신경쓰다 보니 연수원에서 공부한 것은 잊고, 신제품이 나와도 예전처럼 공부하지 않는다. 신제품이 나오면 대충 효능 및 효과, 약가만 외우고 디테일하러 간다. 당연히 제대로 하지 못한다. 이러다 보면 브로슈어를 내밀며 "원장님, 신제품이 출시되었는데 한 번 써주시면 안 될까요?"라고 할 때가 온다. 절대로 이러면 안 된다. 고객인 원장님에게 신뢰를 얻기는커녕 신뢰를 잃을 수 있다. 아무리 바빠도 틈틈이 제품 공부를 하고 제품 정보를 정확히 안 다음에 디테일해야 한다. 대충 알고 하면 안 된다. 친분만으로 영업하는 것은 한계가 있다. 또 자존심의 문제이다. 제약 영업 사원은 제품 정보를 전달한다는 자부심이 있어야 한다.

1분 제품 디테일

로컬 영업은 진료 특성상 원장님과 오랫동안 이야기를 나눌 수 없다. 대학병원이나 종합병원이 대상인 종병 영업은 학술적 지식과 임상 자료가 중요하지만, 로컬 영업에서는 임상 자료를 오랫동안 설명하며 디테일하기가 어렵다. 물론 로컬 영업도 학술적 지식과 임상 자료 등을 설명하며 영업해야 한다. 따라서 짧은 시간에 제품을 디테일하는 능력이 필요하다. 이것을 보통 1분 제품 디테일이라 한다.

1분 제품 디테일 예

> 원장님 안녕하세요? 한 주 동안 잘 지내셨는지요?
> 이번에 저희 회사에서 □□□ 약이 나왔습니다. 성분은 ◆◆◆입니다.
> □□□의 가장 큰 장점은 설사 부작용을 최소화한 것입니다. 다

2장 제약 영업 성공하기 115

> 른 동일 성분 제품과 비교할 때 유소아 복용 시 설사 부작용이 거의 없다는 논문 자료가 있습니다. 맛도 쓰지 않고 딸기 맛이라 유소아의 복약 순응도가 높습니다. 하루에 한 번 복용하고 체내 흡수률이 빨라 효과가 빨리 나타나고 24시간 동안 지속됩니다. 약가가 28원이라 환자 부담도 줄어듭니다. 출시하자마자 반응이 뜨거운데 기회가 될 때 처방해 주시기를 부탁드립니다.
>
> 감사합니다.

원장님 앞에서는 위에 적은 것보다 자연스럽고 편하게 말해야 한다. 해당 제품의 특징 및 장점과 다른 약보다 부작용이 적다는 점을 강조해야 한다. 제품 브로슈어를 넘기며 제품의 핵심을 정확하고 임팩트 있게 말해야 한다. 또 반드시 샘플을 전달해야 한다. 샘플을 본 것과 안 본 것은 차이가 크다. 원장님 가운데는 효능과 효과, 부작용 외에도 약의 맛, 크기, 색깔, 모양 등을 중요하게 여기는 사람이 많다. 성분이 같은 약이라 효과가 비슷하겠지만 회사마다 맛을 개선하고 크기를 작게 하고 색깔을 다르게 한다. 이런 사항을 샘플로 원장님에게 확인시켜야 한다. 우리가 자동차를 살 때 보고 만지고 타본 다음에 결정하듯 원장님도 샘플을 보고 맛본 다음에 결정한다.

디테일을 한 번으로 끝내면 원장님이 기억하지 못할 확률이 높다. 다음 방문에도 자연스럽게 해당 제품을 말하며 임상 자료를 전하고 그다음 방문에는 논문 자료를 전하라. 이렇게 방문할 때마다 살짝살짝 제품을 이야기하여 원장님이 잊지 않게 해야 한다.

제품 리스트에 별표를 하라.

　제약 영업 사원이 병(의)원에 가면 원장님에게 인사하고 제품 리스트를 전달한다. 이 제품 리스트에는 회사의 모든 제품이 실렸는데 무려 100~200종이다. 원장님은 이 많은 제품을 두루두루 살피지 않는다. 눈에 잘 들어오지도 않는다. 이럴 때는 진료과 특성에 맞게 원장님이 처방할 제품에 표시를 하라. 오리지널 제품은 동그라미, 주력 제품은 별표, 지금 처방이 많이 나오는 제품이면 브이 표시 등. 모든 제품에 별표를 하고 싶겠지만 그러면 변별력이 떨어지고 원장님이 혼돈할 수 있으니 신규하고 싶거나 중요한 제품에만 별표를 하고 간단한 메모와 함께 전달하라. 모든 제품을 신규하는 것은 어렵지만 분명히 신규할 만한 제품이 있다. 이렇게 표시하면 원장님 눈에 쏙 들어오고, 원장님 기억에 남을 것이다. 별표 하나가 나중에 몇 백만 원짜리 매출로 돌아올 수 있다.

디테일을 돕는 첨단 제품

　제약 영업 하면 떠오르는 장면은 영업 사원이 병(의)원을 방문하여 가방을 열고 브로슈어를 꺼내 원장님에게 내밀며 디테일하는 것이다. 하지만 요즘은 종이 브로슈어 대신 아이패드 화면을 넘기며 설명하고 동영상으로 제품 사용법을 알려준다. 이제는 영업 사원이 수많은 제품 브로슈어를 가방에 넣고 다니지 않아도 된다.

제약 회사는 모바일 SFA 시스템을 도입하였다. 모바일 SFA란 Mobile Sales Force Automation의 약자로 모바일 영업지원 시스템이란 뜻이다. 제약 영업 사원은 핸드폰에 이 모바일 영업지원 시스템 어플을 깔고 시행한다. 이러면 영업 사원이 ERP 시스템에 접속하여 실시간으로 데이터를 검색하므로 거래처 관리, 주문 관리, 수금 관리, 스케줄 관리, 고객 관리 등을 스마트폰으로 할 수 있다. 회사도 GPS 기능을 이용하여 영업 사원의 동선을 실시간으로 관리한다. 이제 땡땡이를 치거나 담당 지역을 이탈하는 일이 사라지게 되었다. 이런 첨단 프로그램을 영업 사원을 감시하는 도구로 받아들이지 말고, 자신을 관리하고 동선 계획을 효과적으로 짜도록 돕는 도구로 받아들이자. 영업에 도움을 줄 것이다.

B119A 처방 의약품 검색 어플

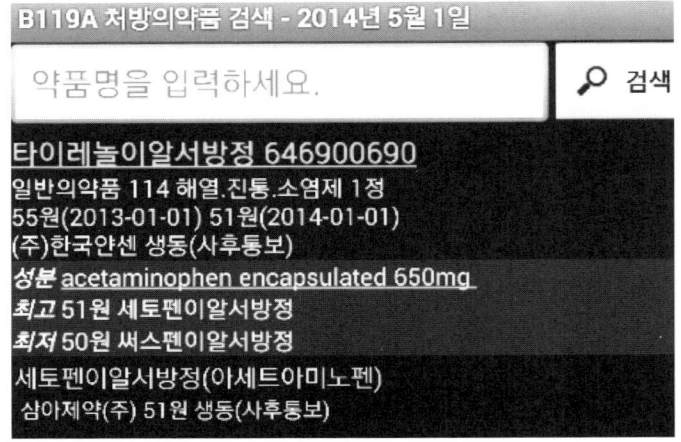

제약 영업 사원은 약물 정보를 수시로 찾아야 하는데 핸드폰에 B119A 처방 의약품 검색 어플을 깔아놓으면 유용하게 쓸 수 있다. 이 어플에 궁금한 의약품을 입력하면 같은 성분의 모든 의약품 정보가 나온다. 약가, 성분, 오리지널 제품, 회사명, 동일 성분 제품명 등. 예를 들어 타이레놀 이알 서방정을 검색하면 다음과 같다.

5. 감성 영업의 모든 것

대한민국에는 수많은 제약 회사와 영업 사원이 있고, 이들이 원장님에게 제품을 디테일하고 제품을 신규하려고 노력한다. 원장님 입장에서는 다른 조건이 비슷하면 마음에 드는 영업 사원이 취급하는 약을 쓸 것이다. 감성 영업이란 원장님 마음을 움직여 내 편으로 만드는 전략이다. 하지만 모든 영업 사원이 노력하므로 쉽지 않다. 신의를 지키고 성실한 것은 기본이고 다른 사람은 흉내내기 어려운 나만의 전략이 필요하다. 제약 영업은 회사의 명성이나 제품력, 판촉만으로 되는 것이 아니다. 영업 사원의 노력이 아주 중요하다.

부지런함은 감성 영업의 시작이다.

감성 영업은 디테일 영업과 달리 원장님의 마음을 감동시키는 것이다. 누군가에게 감동을 주는 방법 가운데 하나가 부지런함이다. 병(의)

원을 꾸준히 방문하는 것만으로 원장님에게 감동을 줄 수 있다. 원장님들은 영업 사원을 평가할 때 "디테일 능력이 뛰어나다."라는 말보다 "부지런하고 성실하고 열심이다."라는 말을 자주 한다. 영업 사원이 병(의)원을 자주 방문하여 원장님과 진솔한 이야기를 나누고, 좋은 제품이 있으면 제품 디테일도 하며 부지런한 모습을 보일 때 원장님이 감동할 것이다. 감성 영업의 시작은 영업 사원의 부지런함이다.

경조사에는 진심을 전달하라.

많은 원장님과 오랜 시간을 함께 보내면 경조사가 반드시 생긴다. 원장님의 자녀가 결혼할 수도 있고, 원장님이 부모님 상을 당할 수도 있다. 경조사가 있으면 거래 규모와 상관없이 사람의 도리로 찾아가 축하나 위로를 전하라. 시간에 걸친 인연은 소중한 것이다. 감성 영업이라는 목적이나 거래 규모에 따라 경조사에 참석하면 안 된다.

취미를 공유하라.

원장님과 친해지는 방법 가운데 하나가 취미 활동을 함께하는 것이다. 좋아하는 일을 함께하며 시간을 보내면 마음이 열리고 가까워진다. (1)원장님이 등산을 좋아하면 산과 관련한 주제로 이야기를 나누고 등산 장비도 물어보아라. 또 일요일에 함께 산에 올라라. 원장님과 함께 땀 흘리며 산을 다녀오면 무척 친해진다. (2)원장님이 골프를 좋아하면 저녁에 스크린 골프를 치며 맥주도 한잔하고 골프 용품에 관한 조언도 구하고 기회가 되면 라운딩을 나가라. 라운딩을 마치고 샤워를 함께하면 무척 친해진다. 비용은 각자 지불하는 것을 원칙으로 한다. (3)DSLR 카메라를 좋아하고 자주 사진 촬영을 가는 원장님에게는 찍은 사진을 보여 달라고 하며 사진에 관해 물어보고 함께 사진 전시회를 다녀라. (4)원장님이 낚시를 좋아하면 낚시와 관련한 질문을 하고 기회가 되면 함께 낚시를 가라. 낚싯대를 꽂아놓고 오랫동안 이런저런 이야기를 나누고 잡은 물고기로 매운탕까지 끓여 먹으면 서로 진솔해지고 친해진다. (5)원장님이 영화광이면 영화와 관련한 이야기를 나누고, 가끔 퇴근 후에 함께 영화를 보아라. (6)원장님이 마라톤 마니아이면 영업 사원이 짧은 시간에 마라톤을 함께하기는 어렵다. 마라톤을 완주하려면 수년 동안 훈련하여 근력과 호흡 능력을 키워야 한다. 하지만 마라톤을 이야깃거리로 삼으면 원장님이 즐거워한다.

　원장님과 가까워지려고 억지로 하기 싫은 일을 할 필요는 없지만 취미 생활은 누구에게나 필요하다. 자기 삶에 활력이 되면서 원장님과 가까워지고 영업에 도움이 된다면 얼마나 좋은가? 원장님과 취미 생활을 함께하면 언제가 큰 도움이 될 것이다. 취미를 일이라고 생각하지 말고 즐겨라. 하지만 어디까지나 개인적 취미 활동이란 것을 잊지 말고 취미 생활을 접대 목적으로 하지 마라.

영화 파일 영업

필자가 아는 한 제약 영업 사원은 굉장히 부지런하다. 대부분 병(의)원을 매주 방문하고, 문전박대를 당해도 판촉물 같은 것을 꼬박꼬박 놓고 온다. 이 사람은 원장님이 영화광이라는 정보를 입수하고 거래가 없던 병(의)원에 일 년 동안 매달 영화 파일을 다운받아서 전달하였다. 거래가 없는 병(의)원을 일 년 동안 방문한 것도, 매달 영화 파일을 다운받는 것도 노력과 끈기가 없으면 할 수 없다. 결국 그는 일 년 만에 병(의)원 신규를 하였다. 이것이 제약 영업이다. 아무리 회사가 메이저 회사이고 제품력이 좋아도 원장님이 약을 안 쓰면 끝이다. 하지만 이렇게 꾸준히 노력하면 회사나 제품과 상관없이 자기 노력만으로 신규할 수 있다. 한편 영화 파일 영업을 할 때는 반드시 합법적인 다운로드를 해야 한다.

병(의)원 문소리 제거

병(의)원을 방문하면 진료실 문을 비롯한 출입구, 유리문 등에서 삐거덕거리는 소리가 날 때가 많다. 원장님이나 간호사도 그 소리에 신경이 쓰이지만 고칠 사람도 없고 고치는 방법도 모르기에 그대로 둔다. 필자는 2,500원짜리 WD-40 윤활유를 항상 가방에 넣고 다니며 이런 일이 있으면 소리를 깔끔하게 없앤다. 원장님도 간호사도 감탄하며 좋아한다. 제약 영업, 거창하지 않아도 된다. 남들이 신경쓰지 않는 작은 부분으로도 얼마든지 감동을 전할 수 있다.

무심코 치운 오바이트가 대박으로

필자에게 거래 금액이 크지 않았지만 꾸준히 방문하던 병원이 있었다. 여러 차례 방문하였지만 우리 회사 약을 거의 쓰지 않았다. 노력해도 안 되는 병원이었다. 어느 날 아침 일찍 담당 지역에 나와 그 병원 앞을 무심코 지나가는데 1층 병원 계단에 토사물이 있었다. 지난밤에 누군가가 술 먹고 토한 것이다. 거래 금액이 크지 않은 병원이라 그냥 지나칠까 했으나 이상하게 마음이 편치 않았다. 그래서 1층 약국에서 빗자루와 비닐봉지를 빌려 토사물을 치웠다. 모두 치우고 병원에 들어가 원장님에게 '제가 치웠습니다.' 하고 생색을 낼까 하다 바지도 더러워졌고 기분도 별로였고 원장님과도 친하지 않아 말해도 반응이 없을 것 같아 그냥 돌아왔다.

그런데 며칠이 지난 다음에 병원에서 들르라는 전화가 왔다. 그때 일은 생각도 못 하고 병원에 갔는데 원장님이 감동했다며 우리 회사 약을 조금 써주겠다고 하였다. 1층 약국 약사님이 원장님에게 그 일을 말한 것이었다. 그때 약을 조금 써주겠다던 원장님은 지금 나의 고액 거래처가 되었다. 이렇게 뜻하지 않은 행운이 누구에게나 찾아올 수 있다.

해외 의료 봉사 의약품 기부

여름 휴가철이나 명절 연휴에 선교 단체 등에서 해외 의료 봉사를 가는 경우가 많은데 선교사나 의사, 간호사, 약사 등 수많은 사람이 참여

한다. 제약 회사 등은 의약품 기부로 어려운 지역에서 하는 봉사 활동에 힘을 보탠다. 영업 활동을 하다 보면 이런 봉사 활동에 참여하거나 지원할 기회가 종종 생긴다. 매출이나 실적을 떠나 제약 영업 사원으로 봉사 활동에 보탬이 되겠다는 생각으로 참여하자. 물론 하고 싶다고 할 수 있는 것은 아니다. 회사 내규를 토대로 공정 경쟁 규약에 맞게 진행해야 한다. 의약품 기부는 주로 의료 단체가 아닌 선교 단체 등을 통해 이루어지는데 제약협회에 신고해야 하며 여러 서류가 필요하다.

도시락 영업

밖에서 점심 먹는 것을 귀찮아하는 원장님도 있다. 이런 분을 만나면 필자는 따뜻한 도시락을 포장해 가 함께 먹는다. 원장님도 매일 먹는 배달 음식보다 따뜻한 도시락이 맛있을 것이다. 원장님 방에서 단둘이 오붓하게 밥을 먹으면 아주 친해진다. 필자는 한솥도시락, 토마토도시락, 본도시락, 본죽, 아웃백 도시락, 불고기브라더스 도시락, 샌드위치 등을 주로 이용한다. 직접 도시락을 싸갔더니 반응이 좋았다는 여자 영업 사원도 있는데 필자는 그 정도는 아니다.

도시락 영업은 비용 대비 효과가 최고이다. 얼마 안 되는 비용으로 원장님과 한 시간 동안 식사한다. 디테일 영업은 길어야 오 분이지만 도시락 영업은 한 시간의 시간이 주어진다. 그 시간을 잘 활용하라. 도시락 영업은 처음 시작이 어렵지 한번 시작하면 그다음은 쉽다. 정기적으로 원장님과 도시락을 먹게 될 것이다. 방문 디테일을 마친 다음에 원장님과의 따뜻한 도시락을 먹는 것은 제품을 소개하고 원장님과 친밀도를 높이는 두 가지 효과가 있다.

화이트데이와 밸런타인데이

3월 14일 화이트데이나 2월 14일 밸런타인데이를 그냥 보내지 마라. 방문 디테일을 마친 다음에 꺼낸 작은 초콜릿 하나가 원장님에게 감동을 줄 수 있다. 선물 가격이 문제가 아니다. 이런 날에 많은 영업사원이 병(의)원에 사탕이나 초콜릿을 가져갈 것 같지만 생각보다 그렇지 않다. 화이트데이에는 거래 병(의)원에 여자 원장님이 있으면 사탕이나 초콜릿을 선물하라. 손글씨 카드가 있으면 금상첨화이다. 남자 원장님에게는 사모님을 챙겨드리라고 초콜릿이나 사탕을 선물하라. 바빠서 선물 살 시간이 없었는데 이렇게 하면 좋아한다. 밸런타인데이도 마찬가지이다. 사탕이나 초콜릿 하나로 당장 처방이 늘지는 않겠지만 이런 꾸준한 감성 영업이 빛을 볼 날이 올 것이다.

감성 영업 종류

1. 병(의)원을 정기적으로 자주 방문하기
2. 병(의)원 방문 디테일 후 원장님이 좋아하는 커피나 음료 전달하기
3. 원장님 생일에 방문 디테일한 다음에 작은 케이크 전달하기

4. 화이트데이나 밸런타인데이, 빼빼로데이에 방문 디테일한 다음에 작은 초콜릿 전달하기
5. 수납할 때 쓸 동전을 은행에서 바꿔 전달하기
6. 해외 의료 봉사 시 의약품 기부
7. 방문 디테일한 다음에 오붓한 도시락 식사
8. 원장님과 취미 활동 함께하기
9. 병(의)원 이전 시 자주 방문하기
10. 경조사에 방문하여 축하나 위로 전달하기
11. 원장님과 편안하고 진솔한 대화 나누기
12. 병(의)원에서 쓰는 볼펜이나 메모지, 접수지 등 판촉물 챙기기
13. 원장님 자녀 수능 때 방문 디테일한 다음에 합격 기원 떡 전달하기

6. 기타 핵심 포인트

담당 지역, 어느 곳이 좋은가?

약 사용에 특징이 있는 지역이 있다. ETC 영업에서 어려운 지역은 강남구와 서초구이다. 이곳에 가면 성형외과와 피부과 간판만 보일 것이다. 시술이나 수술 위주의 병(의)원이 많아 호흡기 제품이 많은 제약 회사는 경구제 영업이 어렵다. 오히려 피부과나 성형외과, 비급여 관련 제품을 영업하는 제약 회사가 유리할 것이다. 종로구는 대형 약국이

아주 많다. 병(의)원보다 약국 간판이 훨씬 많다. 이곳에서는 오히려 OTC 영업이 유리하다.

이들 지역을 뺀 다른 지역은 춘추 전국 시대이다. 거의 모든 지역에서 뺏고 뺏기는 영업이 이루어진다. 물론 지역마다 코오롱제약 약을 많이 쓴다든지, 유한양행 약을 많이 쓴다든지 하는 경향이 있을 것이다. 하지만 이것은 지역적인 특징보다 영업 사원의 역량 때문이다. 담당 지역을 따지기 전에 맡은 지역에서 일등을 하겠다는 마음가짐을 가져야 한다. 춘추 전국 시대에는 전략을 잘 세우는 사람, 열심히 싸우는 사람, 많은 동맹 즉 인맥을 잘 쌓는 사람, 무기를 잘 활용하는 사람이 승리한다.

서울 및 수도권 영업과 지방 영업

서울과 수도권에는 다음과 같은 특징이 있다. (1)원장님이 전국에서 와서 지연과 학연이 지방보다 약하다. (2)좁은 지역에 많은 병(의)원들이 몰려 있어 병(의)원끼리도 경쟁이 치열하고 영업 사원도 경쟁이 치열하다. (3)영업 사원이 워낙 많기에 특정 제약 회사에 약을 몰아주지 않는다. 처방을 쉽게 빼앗고 빼앗길 수 있다. (4)이동 거리가 짧아 자기 자동차를 이용해도 된다. (5)본사와 왕래가 많아 판촉물 같은 보이지 않는 도움을 받는다. (6)팀 조직보다 팀원 개인주의가 강하며 지방보다 단합이 약한 편이다.

지방 영업은 다음과 같은 특징이 있다. (1)지연과 학연이 중요하다. 지역적 특색이 강한 지역에 다른 지역 사람이 가면 일하기 어려울 수 있다. (2)병(의)원이 많지 않기에 서울보다 경쟁이 덜하고, 지역 주민이 단골 병(의)원을 자주 방문한다. (3)원장님과 영업 사원이 인연을 맺어 관계가 끈끈해지면 형님, 동생 하는 경우도 있다. (4)이동 거리가 길어 자기 자동차를 이용하면 금전적 손해가 있다. 회사 렌터카를 이용하는 것도 합리적이다. (5)본사와 왕래가 쉽지 않다. (6)개인주의가 덜하고 팀 단합이 잘 된다.

회사를 보고 쓸까? 영업 사원을 보고 쓸까?

외국계 제약 회사나 유한양행, 한미약품, 대웅제약처럼 오리지널 약이나 개량 신약 등 블록버스터 제품이 많은 회사는 영업 사원이 병(의)원을 방문하지 않아도 원장님이 약을 찾아서 쓰기도 한다. 해당 회사가 단독으로 출시한 제품이거나 효과가 탁월하여 회사 브랜드만으로 영업할 수 있다. 그만큼 영업 활동이 수월하다. 매출이 100억이 넘는 제품을 블록버스터 제품이라고 부른다.

하지만 제약 영업 사원이라면 원장님이 자신을 보고 처방하게 해야 한다. 그러려면 원장님에게 믿음을 주고 친분을 쌓고 가까워져 인간적인 관계를 만들어야 한다. 그래야 최고의 영업 사원으로 인정받고 제약 영업을 오래할 수 있다. 영업 사원이 다른 회사로 이직하였을 때 원장님이 이전 회사 제품을 계속 쓰면 제약 회사를 보고 약을 쓴 것이고, 이직한 회사 제품을 쓰면 영업 사원을 보고 약을 쓴 것이다. 제약 회사가 경력 사원을 뽑는 이유 가운데 하나가 이들이 친한 원장님으로 하여금 이직한 제약 회사의 제품을 처방하게 하는 것이다. 원장님이 회사보다 영업 사원인 자신을 보고 제품을 쓰도록 노력하라. 원장님이 회사의 인지도 및 제품력과 함께 담당자인 자신을 보고 제품을 쓴다면 가장 완벽한 영업이다.

여성 영업 사원의 장단점

요즘은 제약 영업에 많은 여성이 도전한다. 여성 영업 사원은 다음과 같은 장점이 있다. 첫째, 원장님에게 다가가기 쉽다. 제약 영업 사원은 대부분 남자이다. 그동안 남자들만 병(의)원을 찾아서인지 여성 영업 사원이 방문하면 원장님과의 면담이 수월하다. 둘째, 여성 영업 사원은 섬세하여 원장님 생일이나 기념일에 방문 디테일한 다음에 작은 케이크나 쿠키 등을 전달하는 데 익숙하다. 원장님을 감동시키는 데는 남자보다 뛰어나다. 셋째, 원장님도 제약 영업이 여자가 하기에 어려운 일인 것을 안다. 따라서 여성 영업 사원을 더 챙긴다. 특히 대학을 갓 졸업한 여성 영업 사원이 오면 딸처럼 생각하는 경우가 많다. 넷째, 남자 영업 사원은 제품 공부보다 원장님과의 친분으로 영업하는 경우가 많지만 여성 영업 사원은 학술적이고 제품 공부를 많이 한다. 다섯째, 여자 원장님과 공감대 형성이 쉽다. 여자끼리는 화장품이나 패션 등 공통의 관심사가 있다. 여자 원장님은 이런 것의 유행을 쉽게 접하기 어려운데 여성 영업 사원과 함께 패션이나 화장품 등을 이야기하다 보면 공감대가 잘 이루어진다.

하지만 단점도 있다. 첫째, 제약 영업 사원은 많은 거래처를 다니므로 체력적으로 힘들 수 있다. 둘째, 남자 영업 사원은 원장님과 형·동생으로 지내는 경우가 많은데 여성 영업 사원은 이렇게 하기 어렵다. 셋째, 여성 영업 사원에게는 쉽게 바뀐다는 편견이 있다. 실제로 결혼이나 출산 등으로 한 지역에 오래 근무하기 어려운 경우가 종종 있다. 넷째, 원장님과 영업 사원이 개인적으로 술을 먹거나 저녁 식사를 하며 마음을 털어놓으면 무척 친해진다. 하지만 여성 영업 사원과 개인적으로 술자리나 저녁 식사를 하는 것을 부담스러워하는 원장님도 있다. 한편 간단한 술자리나 저녁 식사는 각자 지불을 원칙으로 한다. 원장님이 내는 경우도 상당히 많다.

제약 영업 테크닉

1. 디테일 핵심 포인트

　디테일은 제약 영업 사원이 지닌 최고의 무기이다. 원장님 앞에서 제품을 디테일할 때는 다음 사항을 유념해야 한다. 첫째, 디테일할 제품을 충분히 공부하여 정확히 알아야 한다. 그래야 디테일이 자연스럽다. 영업 사원이 제품을 알지 못하고 원장님에게 설명한다는 것은 말도 안 된다. 둘째, 원장님이 모든 약의 용법과 용량을 알 수 없으니 정확히 설명해야 한다. 시럽 종류는 자그마한 용법 용량 표를 만들어 코팅하면 원장님이 좋아한다. 셋째, 길고 지루하게 설명하지 말고 특징과 장점을 강조하여 귀에 쏙쏙 들어오게 하라. 효능과 효과도 간결하고 임팩트 있게 설명하라. 넷째, 제품의 단점을 굳이 언급할 필요는 없다. 모든 약은 부작용이 있다. 부작용이 없는 약은 없을 것이다. 하지만 원장님이 묻지 않으면 굳이 단점을 말하지 마라. 혹시 물으면 실제 부작용에 관한 사실을 말하고, 동일 성분인 다른 제품보다 부작용이 적은 것도 언급하라. 하지만 환자 생명과 직결되는 것처럼 치명적인 부작용이 있는 제품이면 원장님과 환자를 위하여 반드시 말해야 한다. 다섯째, 다른 제품과 비교할 때는 다른 제품의 이름을 언급하지 말고 '동일 성분 오리지널에 비해 우리 제품은…….' 식으로 성분명을 말하라. 원장님이 "동일 성분 제품 가운데 오리지널이 뭐지?"라고 물을 때만 정확한 답을 하라. 여섯째, 말만 하지 말고 해당 제품이 있는 브로슈어를 넘기며 디테일해야 원장님이 이해하기 쉽다. 말로만 디테일하면 한 귀로 듣고 한 귀로 흘릴 수 있다. 일곱째, 샘플을 이용하여 원장님이 제품을 체험하게 하라. 샘플을 전달하여 제품의 맛과 모양, 색깔을 알리고, 로션이나 연고이면 제품의 향이나 바를 때의 촉감, 흡수력을 알려라. 여덟째, 디테일로만 끝내지 말고 기회가 있으면 처방해달라고 부탁하라. 부탁 한마디가 처방으로 직결되는 경우도 있다.

어떤 제품을 디테일할까?

원장님에게 제품을 디테일하는 것은 소중한 기회이다. 거래하던 병(의)원이 아니라 처음 방문한 병(의)원에서는 원장님에게 디테일할 기회가 쉽게 주어지지 않는다. 이 소중한 기회를 놓치지 않으려면 어떤 제품을 디테일해야 효과적일지 충분히 생각해야 한다.

첫째, 오리지널 제품이나 개량 신약처럼 다른 제약 회사에 없는 제품을 선택하라. 원장님이 해당 제품을 모를 수 있으니 오리지널 제품의 특징과 장점 등을 충분히 준비하라. 둘째. 진료과에 맞는 제품을 선택하라. 소아청소년과라면 혈압약이나 당뇨약을 디테일하면 안 되고 항생제나 진해거담제, 해열제 등을 디테일하라. 피부과라면 감기약을 디테일하지 말고 항바이러스제나 항히스타민제, 피부질환 로션, 연고, 크림 등을 디테일 하라. 셋째, 회사의 주력 품목은 장점이 많은 제품이니 주력 품목을 선택하라. 주력 품목을 많이 팔면 회사도 좋아한다. 넷째, 신제품은 한번 시기를 놓치면 소홀해지기 쉬우니 출시되기 전부터 적극적으로 디테일하라. 신제품에는 인센티브도 많이 걸려 있다. 다섯째, 원장님이 대부분 처방에 넣는 루틴 제품을 선택하라. 이런 제품은 디테일하기도 쉽고 신규가 되면 처방 매출이 클 것이다. 여섯째, 회사의 여러 제품 가운데 유난히 디테일이 잘되고 끌리는 제품이 있다. 이런 제품을 선택하라.

진료과 특성에 맞게 영업하라.

제약 회사마다 주력 분야가 있다. 코오롱제약과 삼아제약은 소아청소년과 영역에 널리 알려졌고 신풍제약은 정형외과 영역에 널리 알려졌다. 원장님도 자기 분야에서 어느 제약 회사가 강한지 잘 안다. 영업 사원은 자기 회사가 강한 진료과 위주로 영업해야 한다. 제품이 해당 진료과에 맞게 이루어졌으니 원장님 반응도 좋고 신규도 잘되어 일하기가 수월하다. 자신감만 믿고 생뚱맞은 진료과로 영업하면 고생한다. 시럽 종류나 호흡기 약물이 없고 고혈압과 순환기 제품이 대부분인 제약 회사 영업 사원이 소아청소년과를 매일 찾아가도 신규가 어려울 것이다. 원장님도 도와주고 싶어도 쓸 약이 없다고 답답해한다.

하지만 이런 식으로는 매출의 한계가 분명히 온다. 이때는 다른 진료과로 영업 범위를 넓혀야 한다. 제약 영업은 무조건 병(의)원만 간다고 되는 것이 아니다. 전략을 세우고 진료과 특성에 맞게 접근하여 차근차근 공략한 다음에 범위를 넓혀야 한다.

삭감되지 않는 법을 알려주어라.

병(의)원에서 환자를 진료하고 월초에 보험 청구를 하면 건강보험심사평가원이 심사하여 심사 기준에 어긋나면 보험 청구 금액을 삭감한다. 원장님 입장에서는 열심히 진료한 결과가 삭감으로 돌아오면 기분이 나쁘다. 또 이 불똥이 제약 영업 사원에게 튈지도 모른다. 영업 사원은 원장님에게 삭감되지 않는 방법을 알려주어야 한다.

모든 제품에는 질병을 분류하는 상병 코드가 있는데 J00, M34 식으로 숫자 앞에 영문 글자가 붙는다. 건강보험심사평가원에서 전산 심사를 하므로 상병 코드를 잘못 입력하면 삭감 당한다. 대부분 원장님이 상병 코드를 잘 알지만 신제품이나 루틴으로 처방하지 않는 제품이거나 상병 코드가 바뀌었으면 모를 수도 있다. 대학병원이나 종합병원은 약제과에서 코드 번호 교체를 일괄 진행하므로 영업 사원이 크게 신경 쓰지 않아도 된다. 영업 사원은 주로 처방 코드에 자기 제품이 포함되도록 노력한다. 하지만 로컬 영업에서는 원장님이 직접 코드 번호를 바꾸니 영업 사원이 반드시 챙겨야 한다.

또 모든 제품에는 건강보험이 인정하는 용법과 용량이 있다. 처방이 정해진 용량을 초과하면 삭감 당할 수 있다. 하지만 원장님에게는 습관적인 처방 패턴이 있어 용법이나 용량을 착각할 수 있다. 영업 사원은 제품을 신규할 때 반드시 상병 코드 및 용법과 용량을 알려주어야 한다. 회사에 제품이 허가받은 상병 코드 자료가 있으니 상병 코드 및 용법과 용량을 보기 좋게 정리하여 원장님에게 전달하라. 루틴으로 쓰는 제품이면 작은 메모지에 적어 코팅하면 좋다. 모르면 마케팅 PM에게 물어보아라.

한편 같은 질병 군에 대한 제품 중복 처방, 나이 제한 등도 삭감 원인이다. 또 건강보험심사평가원의 심사 기준이 바뀔 때가 있으니 이런 경우에도 원장님에게 알려야 한다. 제품 신규만 중요한 것이 아니다. 제품을 신규하면 원장님이 편하게 처방하도록 애프터서비스를 해야 한다.

코드 아웃

약을 처방하려면 처방 프로그램에 약의 코드를 입력해야 한다. 하지만 반대로 처방하지 않으려고 코드를 삭제하는 경우도 있다. 코드 아웃이란 의사 선생님이 처방을 내리는 프로그램에서 해당 제품 코드가 삭제되는 것이다. 당연히 처방이 나오지 않게 된다. 로컬 영업에서 코드 아웃은 흔한 일이다. 원장님이 "약을 써 보니 효과가 없어."라고 말하며 다른 약으로 쉽게 바꾼다. 또 원장님 기호에 맞으면 당장에라도 코드를 등록할 수 있다. 하지만 종합병원이나 대학병원은 사정이 다르다.

코드 등록을 하려면 교수님의 승인을 받아 약품 선정 심의위원회 DC를 통과하는 등 여러 절차를 거쳐야 한다. 하지만 코드 등록이 되어도 처방이 나오지 않으면 병원이 해당 제품 코드를 빼고 다른 회사 제품으로 바꾼다. 또 효과나 성분이 비슷한 제품이 지나치게 많으면 코드를 정비한다. 따라서 코드 등록이 되면 영업 사원은 열심히 뛰어 처방이 많이 나오게 해야 한다. 어렵게 코드 등록이 되었는데 다시 삭제되면 많은 투자를 한 회사에는 커다란 손실이다. 약품 선정 심의위원회 DC가 일 년에 한두 번 열리므로 한 번 놓치면 6개월 넘게 기다려야 한다. 영업 사원은 약품 선정 심의위원회 DC 일정을 알아야 한다. 전임자나 다른 회사 영업 사원, 약제부 과장님, 진료과 과장님, 의국장 선생님에게 물어보면 잘 가르쳐 준다. 약제과 공지란에 공지하는 병원도 있다.

국공립 병원 입찰

 의료원을 포함한 국공립 병원은 영업 방법이 조금 다르다. 의사 선생님을 면담하여 제품을 디테일하는 것은 같지만 이곳에는 입찰이라는 제도가 있다. 국공립 병원에서 쓰는 약은 도매상 입찰로 결정된다. 원외(병원 밖) 처방을 위한 원외 코드인 경우에는 약품 선정 심의위원회 DC를 통해 들어갈 수도 있지만, 원내(병원 안) 처방을 위한 원내 코드에 포함되려면 도매상이 입찰하는 품목 리스트에 포함되어야 한다. 입찰 결과 코드에서 사라지면 많은 액수의 실적이 한꺼번에 사라진다. 따라서 도매상과 협력하여 입찰에 대비해야 한다.

병(의)원 건강 기능 식품 판매

제약 영업 사원이 의약품만 다루지는 않는다. 자기 회사 제품에 건강 기능 식품이 있으면 병(의)원에 건강 기능 식품을 팔기도 한다.

건강 기능 식품을 팔려면 기억할 것이 있다. 병(의)원은 면세 사업장이다. 하지만 건강 기능 식품 판매는 부가세 과세 대상이다. 따라서 병(의)원이 건강 기능 식품을 팔려면 면세와 일반 과세를 겸한 사업자가 되어야 한다. 그러려면 먼저 사업자인 원장님이 건강 기능 식품 판매 교육을 이수하고 구청에 신고한 다음에 세무서에서 사업자 등록을 해야 한다. 이런 절차 없이 건강 기능 식품을 파는 것은 불법이다. 적발되면 원장님과 영업 사원이 모두 피해를 본다.

건강 기능 식품을 팔려면 병(의)원의 사업자등록증을 살펴야 한다. 이미 건강 기능 식품을 파는 병(의)원은 별도의 진열대를 마련하고 다양한 POP를 설치했을 것이다. 영업 사원도 다양한 마케팅 전략으로 회사 제품을 홍보하고 판매가 되도록 도우면 된다. 건강 기능 식품 판매에는 유행, 홍보, 광고, 입소문, 효과 등이 중요하다.

2. 원장님을 내 편으로 만드는 필살기

인사는 영업의 시작이다.

인사는 커뮤니케이션의 시작으로 원만한 사회생활에 중요한 요소이다. 인사를 공손하고 밝게 하는 취업 준비생이 면접에서 합격할 확률이 높고, 동료에게 먼저 밝게 인사하는 사람이 직장 생활을 잘할 것이고, 원장님이나 약사님에게 정중하고 밝게 인사하는 사람이 매출이 높을 것이다. 직장에서도 아는 사람에게만 인사하지 말고 모든 사람에게 인사를 건네라. 인사 하나가 이미지를 좋게 만든다.

병(의)원을 방문할 때는 먼저 똑똑 노크를 하고, 들어오라는 신호가 있으면 조심스럽게 문을 열고 제자리에 멈춰 "원장님, 안녕하십니까. △△제약 ○○○입니다!"라고 밝고 경쾌한 톤으로 말하며 정중히 허리를 굽혀 인사한 다음에 들어가야 한다. 첫인사는 제약 영업의 시작이므로 잘해야 한다. 병(의)원이나 약국에서 주문 전화 등이 왔을 때도 단순히 "여보세요?" 하지 말고 "안녕하세요. △△제약 ○○○입니다."라고 회사와 자기 이름을 분명히 밝혀라.

명절에는 문자 인사를 하라.

명절은 제약 영업 사원에게 눈코 뜰 새 없이 바쁜 시기이다. 거래하는 병(의)원에 명절 인사를 하러 정신없이 다녀야 한다. 대부분 제약 회사는 병(의)원에 명절 선물을 전하지 않는다. 하지만 한국 정서가 있기에 영업 사원이 개인적으로 원장님에게 명절 선물을 한다. 이때는 반드시 오만 원 이하로 해야 한다. 대부분 영업 사원은 이렇게 명절 전에 선물을 전달하며 인사하는 것으로 할 일을 마쳤다고 생각한다. 하지만 추석 전날에 문자나 카톡으로 명절 인사를 한 번 더 하라. 단체 문자를 보내지 말고 '○○○ 원장님', '△△△ 원장님' 식으로 원장님 이름을 꼭 적어서 보내라. 거래하는 원장님 핸드폰 번호를 모른다면 영업을 제대로 하지 않은 것이다. 또 회사 사람에게도 명절 인사 문자를 보내라. 이런 문자 하나가 뜻하지 않은 행운을 가져올 수 있다. 단체 문자보다 원장님 특징에 맞는 개인 문자로 보내면 감동이 더 클 것이다.

크리스마스카드나 연말연시 연하장을 보내라.

크리스마스나 연말연시에는 정성을 담아 카드나 연하장을 보내라. 한 해 동안 감사하였고 내년에도 좋은 일 가득하라고 자필로 정성껏 적어라. 손글씨는 쓴 사람의 마음을 담는다. 모든 연하장을 똑같이 쓰지 말고 원장님마다 이름과 감사했던 내용을 적어라. 원장님이 읽고 흐뭇해할 것이다. 로또 한 장을 넣어 보내면 더 즐거워할 것이다. 필자도 병(의)원을 방문했을 때 내가 보낸 카드나 연하장이 진료실 벽에 붙어 있으면 기분이 좋다. 자꾸 그 병(의)원에 가고 싶어진다. 영업이란 특별한 것이 아니다. 상황에 맞게 정성을 다하면 된다.

단정한 용모로 병(의)원을 방문하라.

제약 영업에서 첫인상은 아주 중요하다. 외모도 경쟁력이다. 잘생기면 좋지만 잘생기지 않아도 관리를 잘하여 원장님에게 깔끔하고 스마트한 이미지를 전달하라. 다음 사항에 주의를 기울여라.

(1)깔끔하게 면도하라. 수염 기르는 것도 개성이지만 대부분 원장님은 싫어한다. (2)코털을 깎아라. 코털이 삐져나오면 지저분하게 보인다. (3)식사 후에는 양치질하여 원장님에게 음식 냄새를 풍기지 않게 하라. (4)이빨이 누렇다면 치아 미백 시술을 고려하라. 고객에게 호감을 주려면 투자가 필요하다. 영업할 때 원장님이 가장 많이 보는 부위가 영업 사원의 눈과 입이다. 눈으로는 아이 컨택(Eye Contact)을 하고 입으로는 디테일과 대화를 하고 미소를 보낸다. 이빨이 누렇고 입냄새가 나면 원장님이 싫어한다. (5)땀을 심하게 흘리는 사람이 있는데, 이런 사람이 좁은 진료실에 들어가면 땀냄새가 진동한다. 향수를 뿌려 냄새를 없애라. (6)손톱을 깎아라. 길면 지저분해 보인다. (7)넥타이를 풀어헤치지 말고 제대로 메라. (8)출근 전에 구두를 닦아라. 복장은 신경쓰지만 구두를 신경쓰지 않는 사람도 많다. 하지만 보이지 않는 부분까지 관심을 기울여야 한다. 필자가 만난 한 면접관은 자신은 지원자의 구두를 먼저 본다고 하였다. 보이지 않는 부분까지 살피는 사람이 영업도 잘한다는 것이다. (9)가방은 편한 것이 좋은데 보통 서류 가방이면 된다. 요즘은 백팩도 많이 메고 다닌다. 하지만 진료실에 들어갈 때는 백팩을 들고 가기를 권한다. 서류 가방은 덮개식보다 지퍼로 열고 닫는 것이 브로슈어나 서류를 꺼내기 편하다. 제약 영업 사원은 손잡이가 금방 닳으므로 고가 가방보다 중저가 가방이 좋다. 10~20만 원대 쌤소나이트, 마인드브릿지, 빈폴, 아메리칸 투어리스터, 투미 정도면 충분하다.

필자의 외모 관리법

출근 전에 비비크림이나 자외선 차단제로 얼굴을 환하게 하고, 향수는 갖고 다니며 뿌린다. 일 년에 한 번 치아 미백 시술을 한다. 하얀 치아는 인상을 깨끗하게 바꿀 수 있다. 원장님과 눈을 자주 마주치므로 컬러 렌즈를 착용한다. 컬러 렌즈는 눈동자를 크게 보이게 한다. 그 탓인지 여러 여자 원장님이 나에게 눈이 예쁘다는 말을 자주 한다. 머리카락도 약간 브라운 톤으로 염색하여 인상을 밝게 하고, 웨이브 파마를 살짝 하여 스타일도 살리고 세련된 느낌을 준다. 또 가방도 구식 스타일보다 이미지가 세련되고 스마트한 것을 들어 원장님에게 가방이 예쁘다는 말을 자주 듣는다. 정장은 검은색, 회색, 감색, 네이비블루 등이 있고 넥타이는 아주 많다. 넥타이를 잘 메면 깔끔한 멋쟁이가 된다. 필자는 주로 포인 헤드 노트로 메는데 넥타이가 길면 윈저 노트로 멘다.

원장님과의 대화 요령

원장님과 이야기할 때는 자기 기분이나 입장보다 원장님 마음을 조금이라도 편하게 하려고 노력하라. 원장님도 위안이 필요하다.
예를 들어 정부에서 새로 도입한 대체 공휴일제를 적용하여 병(의)원을 쉴지 고민하는 원장님이 있다고 가정하자. 대체 공휴일에 휴진하기로 한 원장님에게는 '원장님, 다른 병(의)원도 대부분 쉬는 것 같아요. 이왕 쉬는 거 푹 쉬세요. 대체 공휴일을 빨갛게 표시한 달력도 많고 은

행도 쉬니 환자도 병(의)원이 쉬는 줄 알 겁니다.'라고 해야 한다. '다른 병(의)원은 진료하는데요.'라고 하면 안 된다. 대체 공휴일에 일하기로 한 원장님에게는 '원장님, 당연히 진료하셔야죠. 명절이 끝나는 날이니 환자가 많이 올 겁니다. 다른 병(의)원도 대부분 진료하고, 제약 회사도 정상 근무합니다. 조금 힘들겠지만 잘 결정하셨습니다.'라고 해야 한다. 고민하는 원장님에게 영업 사원의 한마디가 큰 힘이 될 수 있다.

원장님과 대화 시 주의사항

원장님과 이야기할 때는 신중해야 한다. 별것도 아닌 것을 이야기하여 원장님 기분을 망칠 수 있다. 다음 사항에 주의하며 여러 원장님과 이야기하면 어떤 말을 하면 안 되고 어떤 말을 해야 할지 알 것이다. 첫째, 자랑을 지나치게 하지 마라. 정 하고 싶으면 가볍게 하라. 둘째, 정치색을 띄지 마라. 원장님과 상반된 정치적 성향을 드러내지 말고 경청하든지 맞장구를 쳐라. 셋째, 민감한 이야기를 피하라. 원장님 자녀가 수능을 망쳤는데 수능 이야기를 계속하거나 원장님이 감추고 싶은 가족사를 묻는 것 같은 행동은 바보짓이다. 넷째, 환자가 너무 없을 때는 약 이야기를 삼가라. 환자가 없어 원장님이 심각하게 고민하는데 영업 사원이 올 때마다 약 이야기를 하면 원장님도 기분이 상한다. 약 이야기는 분위기를 보며 하라. 다섯째, 다른 사람을 흉보지 마라. 특히 다른 원장님 흉을 보지 마라. 정보를 알려주는 것과 흉보는 것은 듣는 사람의 기분이 다르다. 혹시 원장님이 흥을 보면 주로 경청하고 살짝 맞장구를 치는 정도에 그쳐라. 여섯째, 원장님과 친해지면 느슨해지기 쉬운데 친할수록 인사도 잘하고 예의를 지켜라. 일곱째, 자기 생각은 상황에 맞을 때만 말하라. 영업 사원이라고 항상 'Yes'만을 말할 수는 없다. 'No'를 말할 때도 있다. 하지만 분위기와 상황을 보며 말하라. 여덟째, 원장님이 자신이 잘 모르는 이야기를 하면 경청하며 가끔 '아, 그렇군요!' 같은 추임새를 넣어라. 또 살짝 질문을 해도 괜찮다. 원장님은 알려주는 것을 좋아한다. 하지만 생뚱맞은 질문은 하지 마라.

상황별 행동 요령

병(의)원에 자주 가면 이야깃거리도 떨어지고, 그러면 서먹서먹해진다. 항상 같은 스타일로 약 이야기만 하지 말고 원장님의 상황과 컨디션에 따라 대화 형태를 바꾸자. 먼저, 밝은 표정을 짓고 밝게 웃어라. 원장님은 매일 환자를 상대한다. 제약 영업 사원까지 표정이 어두우면 어떻겠는가? 둘째, 원장님이 말하는 것을 좋아하면 잘 경청하고 중간에 감탄사를 넣으며 맞장구를 쳐라. 셋째, 원장님이 과묵하면 원장님의 관심사나 화젯거리를 미리 파악하여 대화를 이끌어라. 넷째, 아는 것이 많은 원장님에게는 질문을 하라. 대부분 원장님은 기분 좋게 가르쳐준다. 다섯째, 여자 원장님이라면 칭찬을 하라. 헤어스타일, 옷 스타일 등. 여자 원장님은 칭찬에 약하다. 여섯째, 원장님 컨디션이 안 좋으면 눈치 없이 오래 있지 말고 용건만 간단히 말하고 빨리 나와라. 오늘만 날이 아니다. 일곱째, 원장님 기분이 아주 좋으면 과감히 약 이야기를 하라. 기분이 좋으면 약을 써줄 확률이 높다. 기분파 원장님도 많다. 여덟째, 나이가 많은 원장님은 순수하고 정에 약하니 손자나 손녀 등 가족과 관련한 이야기로 감성을 자극하라. 특히 나이가 많은 여자 원장님에게는 아들 같은 이미지로 다가가고 판촉물을 매주 가져가라. 절대로 버리지 않는다. 신기한 판촉물이나 실용적인 판촉물은 더 좋아한다. 또 나이가 많은 남자 원장님에게는 견과류나 무설탕 캔디 같은 간식거리를 들고 가라. 방문 디테일 후 견과류를 보고 좋아할 것이다. 아홉째, 젊은 원장님은 환자를 많이 보길 원하고 주변 병(의)원 정보를 궁금해한다. 환자 추세와 주변 정보를 정확히 전달하라. 젊은 여자 원장님에게는 테이크아웃 커피를 가져가고 비 오는 수요일에 빨간 장미꽃을 전달하는 이벤트를 하고 화이트데이, 밸런타인데이, 빼빼로데이를 챙겨라. 젊은 남자 원장님과는 취미를 공유하라. 또 방문 디테일 후 점심이나 저녁 식사를 함께해도 좋다.

원장님과 할 이야기가 없을 때 대처 요령

매주 짧은 시간 동안 좁은 진료실에서 원장님과 만나니 할 이야기가 없는 것은 당연하다. 생각 없이 병(의)원을 방문했다가는 정말로 인사만 나누고 나오게 된다. 다음 사항을 고려하여 병(의)원에 갈 때는 어떤 이야기를 어떻게 나눌지 미리 생각하라. 이야깃거리가 없는 것이 아니라 이야깃거리를 생각하지 않은 것이다. 첫째, 브로슈어를 꺼내 디테일하며 대화를 학술적으로 이끌어라. 둘째, 원장님에게 질문을 던지고 원장님의 이야기를 들어라. '댁이 어디세요? 고향이 어디세요? 출퇴근은 어떻게 하세요?' 같은 일상적인 질문도 좋다. 셋째, 취미 이야기를 하라. 원장님은 보통 관심 분야에 몰입하는 스타일이 많다. 골프나 탁구, 등산, 마라톤, 컴퓨터, 영화 등 원장님의 취미를 파악하여 거론하면 이야기가 끊이지 않을 것이다. 넷째, 영업 사원의 개인적인 이야기를 하라. 사람은 누구나 남 이야기 듣는 것을 즐긴다. 필자는 결혼 전 연애 이야기로 원장님을 즐겁게 하였다. 다섯째, 시사적이고 사회적인 이야기를 해라. 필자는 텔레비전 뉴스나 시사 프로그램, 인터넷 뉴스 등을 꼼꼼히 보며 이야깃거리를 찾는다. 여섯째, 주변에 어떤 병(의)원이 개원했고 다른 병(의)원 환자 추세가 어떠한지 등 주변 병(의)원 정보를 전하라. 원장님이 가장 궁금한 것일 수도 있다.

경청의 중요성

제약 영업 사원을 맞이하는 원장님의 자세는 다양하다. 과묵한 원장님, 말 잘하는 원장님, 서로 이야기를 주고받는 원장님 등. 영업 사원은 이런 다양한 원장님을 대상으로 디테일해야 한다. 영업 사원의 기본 책무가 제품 디테일이지만 일방적인 디테일은 금물이다. 커뮤니케이션을 잘하려면 듣는 것도 중요하다. 원장님의 말을 공손하고 진지하게 듣고 감탄사를 넣는 등 호응과 맞장구를 치며 대화를 이끌어라. 이것을 잘하는 영업 사원이 정말로 디테일을 잘하는 사람이다.

반대 극복 노하우

병(의)원에서 제품 디테일을 하다 보면 부정적 견해를 말하는 원장님을 자주 만난다. 다른 동일 성분 제품보다 효과가 떨어지는 것 같다, 처방했더니 부작용이 생겼다 등. 이럴 때 제약 영업 사원은 어떻게 할까? 반드시 대책을 충분히 세워 반대를 극복해야 한다. 다른 동일 성분 제품보다 효과가 뛰어나다는 임상 자료를 제시하거나 다른 병(의)원에서 해당 제품을 루틴으로 처방하는 것을 알려주거나 부작용이 적다는 임상 자료를 제시해야 한다. 특히 종병 영업에서 반대를 대충 극복하려다가는 역풍을 맞는다. 객관적인 참고 자료(Reference)가 필요하다. 반대를 극복하지 않으면 원장님이 해당 제품을 처방하지 않는다. 그러면 매출이 감소한다.

모든 원장님이나 환자가 제품에 만족하지는 않는다. 어떤 원장님이나 환자는 해당 제품이 효과가 뛰어나다고 생각하지만 다른 원장님이나 환자는 반대로 생각한다. 원장님 성향의 차이일 수도 있고 환자 성향의 차이일 수도 있다. 특히 제품을 처방하던 원장님이 이런 부정적 견해를 말했을 때 얼마나 빠르고 정확하게 반대를 극복하는가에 영업 사원의 능력이 결정된다.

원장님 입장에서 일하라.

제약 영업 사원은 다른 회사와의 경쟁 속에서 원장님이 자기 회사 제품을 처방하게 하는 것이 임무이고, 그 일을 잘한 정도를 실적으로 삼아 월급을 받는다. 제약 회사에 다니는 한 당연히 실적의 압박을 느낀다. 그 결과 원장님 입장보다 제약 회사나 제약 영업 사원 입장에서 일할 때가 많다.

착한 원장님을 만나면 병(의)원에 갈 때마다 약 써달라는 이야기만 한다. 착한 원장님이라 자신의 부탁을 거절하지 못한다는 것을 알기 때문이다. 이것은 고객을 배려하지 않는 것이다. 실적에 급급하여 고객을 떠미는 것이다.

병(의)원은 6~8월이 비수기이다. 날씨가 덥고 장마철과 휴가철이니 당연히 환자가 적다. 제약 회사와 영업 사원 실적이 감소하는 것은 원장님이 약을 쓰지 않은 탓이 아니다. 원장님도 환자와 매출 감소로 스트레스를 받는다. 이런 상황에 영업 사원이 찾아와 약 이야기를 하면 기분이 좋겠는가? 여유를 가져라. 어려운 계절이 지나면 다시 성수기가 오고 그때 원장님이 도움을 줄 것이다. 제약 영업이란 적당한 템포와 흐름, 타이밍을 갖고 고객이 기분 좋고 부담을 느끼지 않게 다가가야 한다.

새 차를 샀는데 자동차 영업 사원이 선팅이나 선루프, 블랙박스 같은 서비스를 하지 않으면 기분이 어떨까? 자동차 영업 사원 입장에서는 서비스를 안 해야 이익이 많을 것이다. 제약 영업 사원도 마찬가지이다. 원장님 도움을 받고 '감사합니다.'라는 인사로 끝내는 사람이 많다. 리베이트를 주라는 뜻이 아니라 도움을 받은 만큼 작더라도 개인적으로 마음의 표시를 하라. 이익만 남기려는 영업 사원처럼 이기적으로 행동하지 마라. 캔커피에 '감사합니다.'라고 적은 카드를 붙여 원장님께 수줍게 드리는 것 같은 작은 성의가 큰 감동을 줄 수 있다.

영업을 하다 보면 원장님과 갑을 관계를 넘어 형·동생이나 인생 선후배 같은 감성적인 관계가 된다. 이런 상황은 '감성 영업은 비굴하다.'라는 생각을 뛰어넘어 동반자가 된 것이다. 영업 사원을 동생처럼 생각하는 원장님이 많다. 영업 사원 입장보다 원장님 입장에서 생각하라. 자신이 의사라면 어떤 영업 사원과 어떤 제약 회사를 좋아하겠는가?

눈치 있게 행동하라.

제약 영업을 할 때는 눈치가 있어야 한다. 눈치는 예의이니 다음 사항을 참고하라. (1)월요일처럼 환자가 많을 때는 진료실 밖에서 기다리지 말고 환자가 없을 때 다시 와라. (2)원장님이 피곤해 보이면 오래 있지 말고 간단히 이야기하고 나와라. (3)방문할 때마다 약 이야기를 하지 말고 강약 조절을 하라. (4)자기 이야기만 하지 말고 원장님 이야기를 경청하고 맞장구를 처라. (5)약국이 조제 환자로 붐비면 들어가지 마라. 밖에 있다가 환자가 없을 때 들어가라.

다음은 눈치 없는 영업 사원의 대표적인 예다. 절대로 이런 영업 사원이 되면 안 된다. 고객인 원장님 입장을 살펴야 한다. (1)대학병원이나 종합병원에서 교수님이 급한 회의가 있어서 외래 진료를 마치자마자 서둘러 달려가는데, 교수님을 쫓아가 함께 뛰면서 제품 브로슈어를 내밀며 디테일하는 사람. (2)로컬 영업을 하며 월요일 오전에 원장님이 환자를 70명 넘게 보았고 수많은 대기 환자가 있는데 굳이 원장님을 만나겠다고 기다리는 사람. 또 원장님을 만나면 특별한 업무 없이 인사하러 왔다고 말한다. (3)원장님 얼굴에 피곤하고 몸 상태가 안 좋다고 쓰였는데 제품 브로슈어를 내밀며 디테일하는 사람. 제품을 써달라고 조르기까지 한다. (4)환자가 많아 진료가 밀렸지만 간호사가 면담을 배려하면 밀린 환자는 생각하지 않고 몇십 분 넘게 원장님의 이야기하는 사람. (5)원장님이 어렵게 부탁했는데 고민이나 배려가 없이, 1초의 망설임도 없이 "CP 제도 위반이라 할 수 없습니다!"라고 말하는 사람. (6)원장님이 착하다는 말을 듣고 일주일에 두세 번씩 찾아가 제품을 써달라고 공격적으로 몰아붙이는 사람. (7)차 없이 다니는 여자 원장님에게 명절 선물이라고 병원에 10kg짜리 배 한 상자를 가져다 주는 사람. (8)거래처도 아닌 병(의)원에 방문해 대기실에서 다리 꼬며 오락하고 병(의)원에 있는 커피까지 타 먹는 사람. (9)원장님이 하지 말라고 돌려서 말하는 걸 알아듣지 못하고 계속 똑같이 행동하는 사람. 또 눈치 없이 하면 안 되는 질문을 한다.

친분과 비즈니스는 별개이다.

제약 영업을 하다 보면 원장님과의 친분이 얼마나 중요한지 실감한다. 친분은 종병 영업보다 로컬 영업에서 훨씬 중요하다. 하지만 예외가 있다. 친분과 비즈니스를 별개로 생각하는 원장님도 많다. 개인적으로 각자 비용을 지불하며 취미도 즐기고 밥도 먹고 술도 마시고 사적인 대화를 나눌 정도로 친하지만 약은 많이 쓰지 않는다. 이 정도 친분이면 고액 거래처가 되어야 하는데 정작 약은 다른 회사 것을 많이 쓴다. 반대로 친분이 없어도 우리 회사 제품을 많이 쓰는 원장님도 있다. 친분이 없어도 비즈니스 측면에서 잘 맞는 경우이다. 물론 해당 제품이 독보적으로 뛰어난 제품이라 그럴 수도 있다.

이처럼 제약 영업에는 다양한 변수가 있다. 선택 기준이 제품인 사람도 있고 친분인 사람도 있고 비즈니스인 사람도 있다. 즉 병(의)원을 자주 방문해야 고액 거래처가 되는 것도 아니고 원장님과 친해져야 고액 거래처가 되는 것도 아니다. 여러 조건과 상황에서 비즈니스 측면이 맞아야 고액 거래처가 된다. 제품력이 비슷한 상황에서 어떤 병(의)원이 고액 거래처가 되려면 영업 사원이 다양한 방면에서 많은 노력을 해야 한다.

빈손으로 다니지 마라.

매주 병(의)원에 가다 보면 이야깃거리가 떨어진다. 매일 약 이야기를 할 수도 없고, 친하지도 않는데 대화를 오래하기도 불편하다. 이러다 보면 자연스럽게 병(의)원을 안 가게 된다. 이럴 때는 간식거리를 사들고 방문하라. 몇 만 원짜리가 아니라 천 원짜리 오렌지주스나 시원한 아이스 아메리카노 한잔도 괜찮다. 먹는 것을 두고 욕하는 사람은 없다. "원장님, 저 또 왔습니다. 날씨가 더운데 시원한 아이스 아메리카노 한잔 드시며 진료하세요."라며 밝게 웃는데 누가 싫어하겠는가? 이 돈도 아까우면 빈손으로 다니면 된다. 하지만 푼돈을 아끼려다 큰 거래를 놓칠 수 있다. 자신이 원장님이라면 빈손으로 오는 영업 사원과 작은 간식거리라도 들고 오는 영업 사원 가운데 누구를 기다리겠는가? 또 방문할 때마다 간식거리를 들고 가라는 것도 아니고 할 이야기가 없는 날에 이벤트 차원에서 들고 가라는 것이다. 방문 디테일 후 이런 간식거리로 원장님과 영업 사원이 종종 함께 웃는다.

모닝커피

필자가 다니는 회사는 현지 출퇴근이다. 특별한 날이 아니면 집에서 거래 병(의)원으로 출근하고, 거래 병(의)원에서 퇴근한다. 이렇게 현지로 출근하면 아침 일찍 병(의)원을 방문하게 된다. 그런데 아침에 문 열자마자 영업 사원이 와서 약을 디테일하면 원장님이 좋아할까? 열에 아홉은 싫어할 것이다. 영업 사원에게 아침 9시에서 10시 사이는 가장 애매한 시간이다. 이럴 때는 모닝커피를 활용하라. 거래 병(의)원 가운데 커피를 아주 좋아하는 원장님을 선택하고 모닝커피 한 잔을 테이크 아웃 하여 정기적으로 방문하라. 아주 간단하게 방문 디테일한 다음에 따뜻한 모닝커피를 전달하라.

판촉물을 활용하라.

제약 회사에는 볼펜, 메모지, 포스트잇, 컵, 핸드로션, 손 세척제 같은 판촉물이 나온다. 하지만 대부분 판촉물이 흔하고 저렴해 보여 영업 사원이 책상 서랍이나 차 트렁크에 방치하는 경우가 많다. 하지만 이것은 잘못이다. '또 볼펜이야! 또 메모지야!'라고 불편하지 말고 영업에 활용하라. 작지만 큰 무기가 될 수 있다. 보잘 것 없어 보이는 판촉물이라도 어떤 원장님은 감사하게 받는다. 또 병(의)원에는 꼭 필요한 물건이다. 요즘은 판촉물 종류도 다양하고 판촉물 정책도 회사마다 다르다. 어떤 회사는 만원 미만 물건을 영업 사원이 고르고, 어떤 회사는 일괄적으로 나온다. 한 개라도 더 받아 병(의)원 한 곳에라도 더 가져다줘라. 거래 병(의)원에 꾸준히 볼펜과 메모지를 챙겨주는 것도 부지런함의 상징이다.

신입 사원을 위한 천 원짜리 영업

이것은 지금은 경력이 오래되어 안 하지만 필자가 신입 사원 때 했던 방법이다. 천 원으로도 원장님에게 기쁨을 줄 수 있다. 공짜 로또를 싫어하는 원장님은 거의 없다. 로또를 봉투에 담고 겉에 '원장님 한 주 동안 천 원의 행운이 가득하세요! △△제약 ○○○'라고 적어 전달하면 웃으며 좋아한다. 또 필자가 오기를 기다린다. 농담반 진담반으로 '원장님 혹시 일등에 당첨되면 저한테 10%를 주실 거죠?'라고 말하면 더 잘 기억할 것이다. 빈손으로 가기 곤란할 때는 비타500에 '비록 비타500은 저희 회사 것이 아니지만 마음은 △△제약 ○○○입니다.'라고 적어 전달하였다. 신입 사원 때는 방문이 어색하기도 하고 원장님 기억에 남고 싶어 이렇게 했다.

점심 식사 영업

필자는 점심 식사를 거래처 원장님과 함께 한다. 월요일은 A 원장님, 화요일은 B 원장님, 수요일은 C 원장님 식으로 정해진 날짜에 돌아가며 밥을 먹는다. 주로 식당에서 먹지만 진료실에서 도시락을 먹기도 한다. 몇 년 동안 점심을 함께 먹으면 원장님과 형·동생 할 정도로 친해진다. 안 친해질 수가 없으니 로컬 영업에는 최고의 전략이다. 보통 원장님은 비즈니스 관계로는 이렇게 몇 년 동안 점심 식사를 하지 않는다. 또 저녁 먹는 것과 비교할 때 비용도 적게 들고 술도 먹지 않는다. 저녁 식사에 고기나 회를 먹으면 가격이 십만 원가량 하지만 점심 식사는 아무리 비싸도 오만 원을 넘지 않는다. 보통 밥값은 영업 사원과 원장님이 번갈아가며 낸다.

필자는 점심시간도 근무 시간이라 생각한다. 진료실에서 오 분 일하는 것보다 점심시간 한 시간 근무가 효과적이다. 담당 지역에 있는 음식점을 가격대별, 음식 종류별로 파악하여 원장님 취향에 맞게 선택하라. 필자의 핸드폰에는 오십 개가 넘는 음식점 전화번호가 종류별로 저장되어 있다. 또 밥만 먹을 수도 없고 밥을 먹으며 약 이야기를 할 수도 없다. 필자는 점심시간에는 절대로 약 이야기를 안 한다. 점심시간을 즐겁게 보낼 이야깃거리를 준비하라. 단, 점심시간 전 방문 디테일이 식사로 이어져야 한다.

하지만 영업 스케줄이 어떻게 변할지 모르는 상황에서 몇 년 동안 점심 약속을 지키는 것이 쉽지 않다. 영업 사원이 약속을 취소하면 원장님이 아주 싫어한다. 절대로 쉬운 일이 아니니 점심 식사 영업을 하려면 심사숙고해야 한다. 또 하기로 결정했으면 서두르지 말고 친해지고 신뢰가 쌓였을 때 제안하라.

그룹 모임을 활용하라.

매일 병(의)원을 방문하여 원장님을 한 명씩 공략하는 것보다 여러 원장님을 그룹으로 묶어 공략하면 시너지 효과가 더 크다. 물론 시간과 노력과 더 필요하겠지만. 다음과 같은 그룹 모임이 있다. (1)지역마다 출신 대학교 동문 모임이 있다. 동문 모임에 접근하면 여러 병(의)원을 신규할 기회가 생긴다. (2)지역마다 특정 진료과 모임이 있다. 회사가 주력하는 진료과 모임을 공략하면 효과가 좋다. (3)친한 원장님끼리 모이는 소모임이 있다. 이런 모임을 알아내 공략하라. 한 명을 잘 설득하면 소모임 구성원 모두를 공략할 수 있다. (4)지역마다 의사회 반 모임이 있다. 이 모임은 효과가 크지 않으니 참고만 하라. (5)대부분 원장님이 열심히 공부하니 지역에 학술 스터디 모임이 있을 것이다. 회사 제품이 좋을 때 이런 학술 모임을 공략하면 효과가 좋다. (6)스포츠나 등산 등 원장님이 모인 취미 모임이 있다. 이런 모임에 참여하여 취미도 즐기며 원장님과 친해져라.

거래처 원장님에게 소개를 받아라.

원장님의 소개만큼 확실한 영업은 없다. 친한 원장님이 있으면 그 원장님의 소개로 다른 원장님을 만날 수 있고 신규할 수도 있다. 누구를 소개하는 일은 그 사람에게 신뢰가 있을 때만 할 수 있다. 믿음이 없는 사람을 소개했다가는 욕을 먹을 수도 있다. 따라서 친한 원장님의 도움이 필요하다. 친한 원장님이 인맥이 넓은 사람이면 좋고 처방 액도 많으면 더 좋다. 단순한 소개를 부탁하기보다 친한 원장님에게 모임 자리를 만들어달라고 하라. 원장님이 모인 자리에 영업 사원이 참석하면 최고의 영업이 될 것이다. 하지만 부탁이 지나치면 안 된다. 출발은 친한 원장님이 도왔지만 그것을 풀고 묶는 것은 영업 사원의 역할과 능력이란 것을 명심해야 한다.

명절 선물 선택 노하우

명절이 오면 제약 영업 사원은 거래 병(의)원에 어떤 선물을 할지 고민한다. 쌍벌제 실시 후 제약 회사는 병(의)원에 명절 선물을 제공할 수 없다. 또 리베이트 투아웃제 실시 후에는 명절 선물이 공정 경쟁 규약에 어긋나기에 아예 금지하였다. 하지만 명절은 민족의 전통이고 정을 나누는 날이다. 거래처라서 주는 목적이 담긴 선물이 아니라 개인 자격으로 그동안 보살펴준 것에 감사 표시를 하는 것이 우리나라 정서에 맞는다. 결국 영업 사원이 스스로 명절 선물을 사야 한다. 따라서 적정 수준의 선물을 골라야 한다. 무리하게 비싼 선물을 살 필요는 없다. 명절 선물을 한다고 처방이 더 나오고, 명절 선물을 안 한다고 약 처방이 줄어들지는 않는다. 원장님도 사회 분위기를 잘 알기에 충분히 이해한다. 사회 통념상 5만 원 이하의 명절 선물 세트나 과일 정도면 무난하다. 만 원대 제품도 괜찮은 것이 많으니 틈틈이 인터넷을 검색하라.

개인적으로 감사 표시를 하고 싶은 원장님이 있으면 준비한 선물을 가져가 웃으며 인사하라. 평소에 열심히 일하고 거래 병(의)원 관리를 잘하고 원장님과 친분을 쌓은 영업 사원은 명절 선물을 크게 걱정하지 않는다. 대가를 바라고 명절 선물을 하면 안 된다. 감사 표시와 명절의 기쁨을 나누는 순수한 마음으로 전달하라.

카톡도 영업이다.

영업 사원이라면 카톡으로 편하게 안부를 묻고 대화를 하고 재미있는 자료를 공유하는 원장님이 몇 명인지 자문해 보아라. 갑을 관계로 병(의)원에서 인사하고 제품을 디테일하는 업무적인 관계가 아니라 카톡으로 생각과 이야기를 나누는 원장님이. 카톡을 하라는 말은 인간적으로 가까워지라는 뜻이다.

친분이 없으면 원장님 연락처를 알기 어렵고, 알아도 카톡이나 메시지를 갑자기 보내기 어렵다. 하지만 어느 정도 친분이 쌓이면 원장님 기분을 좋게 할 카톡이나 메시지를 가끔 보내라. 더 친해질 수 있다. '원장님! 오늘 날씨가 참 좋네요. 문득 생각나 문자 남깁니다.' '원장님! 휴가 잘 보내세요. 빨리 뵙고 싶어요! ㅠㅠ' '원장님! 즐거운 명절 보내시고, 연휴 동안 행복하세요.' '원장님! 재미있는 자료가 있어 보냅니다.' '원장님! 이따 퇴근하시고 시간 되면 시원한 맥주 한잔 어떠세요?' 병(의)원에 자주 가는 것만 영업이 아니다. 이렇게 카톡이나 메시지로 편하게 안부를 묻고 대화하는 것도 제약 영업이다.

카카오 스토리에는 고급 정보가 많다. 카카오 스토리에 뜬 케이크 문양을 보면 원장님 생일을 알 수 있다. 가족사진이 있으면 자녀가 몇이고 아들인지 딸인지, 대략 몇 살인지 알 수 있다. 또 취미도 알 수 있다. 등산 사진이 많으면 취미가 등산이고, 골프 사진이 많으면 취미가 골프이고, 여행 사진이 많으면 취미가 여행이다. 여자 원장님은 좋아하는 물건이나 음식, 풍경 같은 걸 사진 찍어 올리는 경우가 많다. 이것을 보면 그분의 성향을 짐작할 수 있다. 병(의)원에서는 가운만 입어 알 수 없지만 사진을 보면 좋아하는 옷 스타일도 알 수 있다.

슬픔을 함께 나눠라.

제약 영업을 하다 보면 원장님이 부모님 상이나 장모 상, 장인 상 등을 당했다는 소식을 종종 듣는다. 이러면 반드시 조문을 가라. 자신과 거래가 적다고 친하지 않다고 가지 않으면 안 된다. 찾아가 슬픔은 함께 나눠라. 따뜻한 말 한마디를 건네는 것만으로도 감동을 줄 수 있다. 이런 일을 함께 겪으면 평생 관계가 이어지기 쉽다. 필자도 신입 사원 때 선배에게 거래가 크지 않으면 갈 필요가 없다고 배운 적이 있다. 하지만 제약 영업을 하다 보니 선배의 가르침이 잘못되었다는 것을 알았다. 아픔과 슬픔을 거래 금액과 비교하면 안 된다. 작은 인연이라도 있으면 조문을 가야 한다. 이렇게 진심으로 위로하고 슬픔을 함께 나누면 원장님이 언젠가 보답을 주었다. 사심 없이 갔지만 결국에는 원장님이 필자를 기억하였고 인간적인 관계가 이루어졌다. 제약 영업에는 슬픔을 함께 나누는 따뜻한 정이 필요하다. 대가를 바라지 말고 진심으로 위로하는 마음을 전달하라.

간호사와도 친해라.

영업 사원이 병(의)원에서 가장 먼저 만나는 사람이 간호사이다. 의원에는 대부분 간호조무사가 있지만 간호사라는 존칭을 쓴다. 필자는 병(의)원에 가면 간호사에게 농담을 건네며 친해지려고 노력한다. 결혼했느냐? 남자 친구 있느냐? 집이 어디냐? 등. 이렇게 농담과 개인적 질문을 주고받으며 친해지면 본격적으로 고급 정보를 캐낸다.

"제약 회사 직원이 많이 오죠? 어느 제약 회사가 많이 와요?" "원장님 커피 좋아하세요? 아니면 무엇을 좋아하세요?" "원장님 생일이 언제예요?" "원장님이 점심 식사를 혼자 하세요? 나가서 드시나요? 제약 회사 직원과 먹나요?" 등. 이런 사항을 아는 것이 하찮게 보여도 영업하는 데는 큰 무기이다. 이런 정보는 원장님과 가까이 있는 간호사가 아니면 아무도 모른다. 한편 병(의)원에 가자마자 이런 것을 물으면 대부분 간호사가 짜증을 낸다. 간호사와 어느 정도 친분을 쌓고 내 편으로 만든 다음에 작업을 시작하라. 고급 정보를 선물할 것이다. 제약 영업에서 인맥은 정보와 연결된다. 간호사 인맥도 적극 활용하라.

의국장(Chief)과 친해라.

대학병원이나 종합병원에는 과마다 전공의(레지던트) 선생님이 있다. 그중에서 4년차 전공의로 해당 과 전공의를 책임지는 선생님을 의국장(Chief)이라 한다.

종병 영업에서 교수님과 관계를 맺는 것만 중요한 것은 아니다. 전공의 선생님과 좋은 관계를 맺는 것도 중요하다. 특히 다음과 같은 까닭에서 의국장 선생님이 중요하다. 첫째, 의국장 선생님은 원내 처방으로 코드가 잡힌 제품에 영향력을 행사한다. 둘째, 진료과나 의국의 제품설명회 같은 해당 과 행사를 의국장 선생님과 함께 조율해야 한다. 셋째, 전공의 선생님은 같은 과에 4년 동안 있으므로 교수님이나 경쟁 회사를 잘 안다. 이들과 친하면 많은 정보를 얻는다. 의국장 선생님은 가을이면 3년차 전공의 선생님에게 인수인계를 하고 떠날 준비를 한다. 전문의 시험에 집중하며, 군대에 가야 하는 사람도 있다. 전공의 선생님과는 두루두루 친해야 한다. 어차피 의국장은 순서대로 한다.

연구실을 뚫어라.

대학병원과 종합병원에는 교수님 연구실이 있다. 우리가 대학에 다닐 때 교수님을 뵈려고 찾았던 연구실과 같다. 영업 사원은 외래 진료실에서 교수님을 만나기도 하고 연구실에서 만나기도 한다. 외래 진료실은 열린 공간이고 간호사가 있어 대화를 편하게 나누기 어렵다. 따라서 대부분 영업 사원이 연구실에서 교수님과 여유 있게 대화하는 것을 좋아한다. 하지만 요즘은 연구실 출입을 통제하는 병원이 늘었다. 외부인, 잡상인 출입 금지라는 명목으로 통제한다. 출입 카드나 지문 인식으로 허가받은 사람이 아니면 들어갈 수 없고 보안 요원이 영업 사원의 출입을 통제한다. 연구실에 들어가려면 출입 서류를 작성하고 확인 절차를 거치는 등 까다로운 절차를 밟아야 하는 곳도 있다.

하지만 어디든 해결 방법이 있다. 출입 노하우를 터득해야 한다. 비상 쪽문을 발견하기도 한다. 영업 사원은 진료실이든 연구실이든 교수님을 찾아뵙고 제품을 디테일하며 관계를 강화해야 한다. 연구실 출입을 통제하는 병원이라면 교수님께 상황을 말하고 외래 진료실에서 면담하라. 그러다가도 급한 일이 생기면 따로 연락해서 연구실로 찾아갈 수 있도록 하라. 또 동료나 다른 회사 직원에게 연구실을 방문할 방법을 물어보아라.

원장님별 면담 유형

원장님마다 제약 영업 사원을 맞는 태도가 다르다. 제약 영업 사원은 원장님의 면담 스타일을 파악하여 거기에 맞는 전략을 세워야 한다.

첫째, 환자가 우선 형이다. 환자 진료가 우선이라 환자가 계속 오면 끝없이 기다려야 한다. 둘째, 순서 형이다. 환자가 많아도 차례가 오면 면담할 수 있다. 셋째, 융통성 형이다. 특별한 기준이 없으므로 환자가 많아도 원장님이 진료를 어느 정도 보다 융통성 있게 영업 사원을 만난다. 넷째, 전화 예약 형이다. 원장님을 만나려면 사전 예약이 필요하다. 보통 하루 전에 전화하여 방문 약속을 잡는다. 다섯째, 특정 시간 형이다. 아무 때나 원장님을 만날 수 없다. 점심시간 직전, 점심시간, 퇴근 바로 직전, 오전, 오후 등 일정한 시간에만 만날 수 있다. 여섯째, 특정 요일 형이다. 원장님이 특정 요일에는 영업 사원을 만나지 않는다. 주로 월요일이다. 또 특정 요일에만 영업 사원을 만나는 원장님도 있다. 일곱째, 접수 형이다. 리베이트 투아웃제 같은 뉴스 탓에 원장님이 영업 사원과 만나는 것을 환자에게 보이기 싫어하므로 영업 사원도 환자처럼 접수해야 한다. 여덟째, 문전박대 형이다. 원장님이 제약 영업 사원을 만나지 않는다.

3. 병(의)원 신규 노하우

다른 제약 회사 영업 사원과 거래가 큰 병(의)원에서 자기 회사 약을 처방하게 하는 일이 말처럼 쉽지 않다. 치밀한 전략이 필요하다. 다음은 병(의)원 신규를 위한 대략적인 과정과 요령이다. 로컬 영업 기준이므로 종합병원이나 세미급 병원은 다를 수 있다.

먼저 목표 병(의)원을 정해야 한다. 의욕에 앞서 너무 많은 곳을 정하지 말고 환자가 많고 원장님을 만날 수 있는 곳을 집중 공략하라. 목표 병(의)원이 정해지면 매주 정해진 요일과 시간에 꾸준히 방문하라. 꾸준히 방문하면 기회가 온다. 미리 간호사에게 한가한 요일이나 시간 등을 알아내 방문 계획을 짜라. 원장님과의 첫 면담이 중요하다. 면담을 거절당해도 포기하지 말고 명함과 간단한 메모를 써서 원장님에게 전달해달라고 간호사에게 부탁하라. 메모에는 원장님을 꼭 뵙고 싶다고 적어라.

첫 면담이 영업 사원의 첫인상을 결정한다. 복장을 깔끔히 하고 예의 바르게 행동하라. 처음에는 약 이야기를 하지 말고 밝은 표정으로 다음과 같이 인사하고 원장님의 말을 경청하라. "원장님 처음 뵙겠습니다. 저는 △△제약 ○○○입니다. 원장님을 뵙게 되어 반갑고 감사드립니다. 앞으로도 종종 인사드리며 원장님에게 도움이 되는 ○○○이 되겠습니다. 명함에 있는 번호로 전화 주시면 언제든지 달려오겠습니다. 행복하고 즐거운 하루가 되기를 기원합니다. 감사합니다." 한 가지 주의할 사항은 절대로 환자가 많은 바쁜 시간에 방문하면 안 된다. 원장님과 친하거나 오래 거래한 영업 사원은 원장님을 잠깐 만나도 되지만, 신규하려면 잠깐 만나면 안 된다. 시간을 충분히 갖고 디테일해야 한다.

두 번째 방문부터는 여운을 남겨라. 첫 방문에서 인사를 했으면 다음 방문에는 주요 제품에 별표를 한 제품 리스트를 전달하라. 그다음 방문에는 자신 있는 제품 브로슈어를 가져가 디테일하고, 그다음 방문에는 샘플을 전달하라. 병(의)원 신규는 거래 병(의)원 제품 신규와 달리 장기전으로 접근해야 한다. 처음부터 많은 것을 바라지 마라. 항생제나 혈압약, 당뇨약 같은 제품을 신규하겠다는 욕심을 버리고 자기 회사에만 있는 제품, 제네릭 제품이라도 출시가 많지 않은 제품, 매출이 높은 제품 같은 전략 품목이나 틈새 품목을 노려라.

빈손으로 가지 마라. 회사에서 나오는 볼펜이나 메모지, 접수증 같은 판촉물도 가져가고 커피나 음료수 같은 비싸지 않은 간식거리도 가져가라. 방문 디테일 후 전달하는 간식거리를 싫어하는 원장님은 거의 없다. 일비가 삼만 원이면 만 원이라도 투자하라. 일비는 용돈이 아니다. 초반에는 정성을 기울이는 모습을 보여야 한다.

원장님에 관한 정보는 아주 중요하다. 나이와 생일, 출신 학교, 친한 원장님, 자주 가는 모임과 세미나, 거래가 큰 제약 회사 같은 정보를 수집하라. 또 원장님의 니드(Need)가 무엇인지 파악하라. 하나밖에 없는 좋은 약이 아니면 원장님은 관계가 없던 제약 회사나 처음 본 영업 사원과 잘 거래하지 않는다. 원장님의 니드(Need)를 빨리 알아내라. 돈이 들지 않는 것일 수 있다. 원장임의 니드(Need)가 등산이나 낚시 같은 취미를 공유하는 것이면 취미 생활을 함께하고, 점심 식사이면 제품 설명회 후 함께 맛있는 점심 식사를 하라.

이렇게 꾸준히 방문하여 원장님과 친해지면 제품 한두 개는 써준다. 거래하는 제약 회사 영업 사원이 바뀌거나 실수하여 우리 회사 약으로 바꾸는 행운이 올 수도 있다. 물론 이렇게 열심히 다녀도 신규가 안 되는 병(의)원도 분명히 있다. 노력해도 신규 기미가 전혀 없으면 과감히 포기하고 다른 병(의)원을 공략하는 것도 방법이다. 좌절하지 마라. 공략할 병(의)원은 많다.

문전 박대를 두려워 마라.

제약 영업에 입문한 신입 사원이라면 병(의)원에서 문전박대 당하는 것에 스트레스를 많이 받을 것이다. 낯설고 어떻게 접근할지도 모르겠고 머릿속이 복잡할 것이다. 신입 사원만 그런 것이 아니다. 경력 사원도 두렵다. 사실 모르는 사람을 찾아가 약을 써달라고 말하기가 쉽지 않다. 거래하는 병(의)원에는 그런 일이 적지만 새로운 병(의)원을 찾아가면 문전박대가 많다. 요즘은 쌍벌제나 리베이트 투아웃제 같은 정부 정책으로 문전박대가 더 심해졌다. 하지만 두려워하지 마라. 능력 있는 제약 영업 사원은 문전박대를 당해도 원장님을 만나고 약을 처방하게 한다. 물론 단번에 원장님을 만나 신규를 하는 것은 어렵다. 전략을 세워 하나하나 진행해야 한다. 먼저 꾸준히 방문하면 원장님과의 면담이 이루어진다. 그러면 반은 성공한 것이다. 꾸준히 친분을 쌓아 믿음을 준 다음에 신규하면 된다.

신규 방문을 두려워 마라.

제약 영업은 전임자가 거래하다가 인수인계한 병(의)원만 다니며 영업하는 것이 아니다. 거래가 전혀 없는 신규 병(의)원을 방문해야 한다. 신입 사원이라면 더 그렇다. 신입 사원 연수를 마치면 담당 지역에 배치를 받는데 운이 정말로 좋은 사람이 아니면 절대로 좋은 지역은 받지 못할 것이다. 고작 매출이 1~2천만 원 안팎일 것이다. 이런 현실에서 신입 사원은 거래 병(의)원 매출 증대는 물론이고 신규 병(의)원 방문을 열심히 해야 한다. 하지만 현실은 쉽지 않다. 대부분 문전박대를 당하고 설령 원장님을 만나도 이야기를 제대로 듣지 않고 관심도 기울이지 않는다. 이러면 점점 자신감을 잃고 지칠 것이다. 하지만 절대로 포기하지 마라. '어라, 이 병(의)원도 나를 만나지 않네, 어떻게 공략할까? 어떻게 뚫을까?'라는 오기로 공략하라. 제약 영업 요령과 노하우를 모르기에 첫 단추를 꿰기가 어렵겠지만 주위 선배에게 조언을 구하며 공략 방법을 연구하라.

신규하려고 거래하지 않던 병(의)원을 방문할 때는 띄엄띄엄 가면 안 된다. 정확한 목표를 정했으면 몇 달 동안 꾸준히 방문해야 한다. 한두 번 가고 안 가려면 차라리 처음부터 가지 않아야 나중이라도 신규를 할 수 있다. 원장님들은 찔러보기 식, 띄엄띄엄 방문을 싫어한다.

첫 신규 느낌을 잊지 마라.

제약 회사에 합격하여 연수원에서 공부하다가 연수를 마치면 담당 지역이 정해지고 영업 활동을 시작한다. 하지만 곧 벽에 부딪친다. 연수원에서 공부한 것과 실전은 다르다. 좀처럼 신규가 되지 않고 점점 지치고 좌절한다. 그래도 포기하지 않고 영업 노하우를 연구하고 열심히 병(의)원을 다니면 첫 신규를 하게 된다. 병(의)원 신규든 제품 신규든 신규를 하면 날아갈 것 같다. 동기에게, 선배에게, 팀장에게 전화하며 자랑할 것이다. 그만큼 첫 신규의 기쁨은 말로 표현하기 어렵다. 보통 신입 사원은 첫 신규를 출발점으로 탄력이 붙는다. 첫 단추만 잘 꿰면 일이 술술 풀린다. 자신감이 생기고 병(의)원도 더 열심히 다니고 제약 영업 노하우도 생긴다. 이 느낌과 기분과 열정을 평생 간직해야 한다. 일이 마음대로 되지 않거나 슬럼프에 빠지면 첫 신규의 기억을

되새기며 마음을 다잡아야 한다. 이 느낌이 평생 제약 영업을 할 때 도움과 활력소가 될 것이다.

무심코 처음 간 병(의)원에서 대박 나다.

병(의)원 신규를 하려면 많은 노력이 필요하다. 친분도 없고 다른 제약 회사 제품을 쓰는 상황에서 우리 회사 제품을 쓰게 하려면 전략을 세우고 자주 방문해야 한다. 하지만 아무 노력도 기울이지 않았는데 행운이 찾아올 때가 있다. 무심코 처음 간 병(의)원에서 대박이 나는 경우이다. 한번은 거래가 전혀 없고 원장님을 뵌 적도 없는 병원에서 들어갈까 말까 고민하다 '에이, 한번 가보지!' 하는 마음으로 들어갔다. 그런데 처음 본 원장님이 우리 회사 전체 제품 리스트를 달라고 하더니 이것저것에 동그라미를 쳐 약국에 준비해놓으라고 하였다. 마음속에서 '심봤다!'라는 외침이 절로 나왔다. 이 병원은 처방 액이 백만 원이 넘는 우량 거래처가 되었다. 나중에 원장님과 친해진 다음에 "제가 처음 방문했는데 왜 약을 써주셨어요?" 하고 물었더니 "거래하던 제약 회사 영업 사원이 실수하여 약을 바꾸려던 찰나에 자네가 왔어."라고 알려주었다. 이렇게 뜻하지 않게 행운이 찾아오기도 한다. 하지만 이런 행운도 병(의)원을 많이 다녀야 찾아온다.

단기간 병(의)원 신규 노하우

병(의)원 신규는 참으로 어렵다. 특히 신입 사원이 제약 영업 요령을 모르는 상태에서 병(의)원 신규를 하는 것은 더욱 어렵다. 하지만 짧은 시간에 병(의)원 신규를 많이 할 방법이 있다. 처방 금액이 많지 않겠지만 숫자는 확실히 늘일 수 있다.

먼저 목표 병(의)원을 정하면 자주 방문해야 한다. 목표를 정할 때 원장님을 만날 수 있는 곳으로 정하라. 둘째, 병(의)원을 방문할 때는 절대로 빈손으로 가지 마라. 커피나 주스 등 천 원으로 살 수 있는 것을 가져가라. 반드시 방문 디테일을 한 다음에 전달하라. 셋째, 여러 제품을 말하지 말고 딱 한 제품만 집중 공략하라. 한 품목이라도 원장님이 밀어주면 처방 금액이 몇 백만 원이 될 수 있다. 넷째, 원장님이 부담 없이 바꿀 수 있게 다른 제약 회사가 신경쓰지 않는 품목을 공략하라. 큰 것을 노리고 혈압약이나 순환기약, 항생제 같은 것을 공략하면 실패한다. 단가가 낮고 가끔 처방하는 제품이나 거래하지 않는 제약 회사 제품이 좋다. 다섯째, 방문할 때마다 원장님에게 한 제품만 써달라고 간절히 부탁한다. 간절한 신입 사원이라면 자식 같아 한 품목은 써준다. 여섯째, 처방이 나오면 통계를 뽑고 반드시 감사 인사를 하라. 편지나 카드로 감사의 마음을 전하면 더 감동적일 것이다. 이런 것에 감동하는 원장님이 상당히 많다.

일단 병(의)원 신규가 되면 그때부터는 장기전이다. 아무리 보잘 것 없는 제품이라도 이것을 계기로 한 품목, 두 품목 늘리며 매출을 키우면 된다. 시작은 미약했지만 나중에는 고액 거래처가 될 것이다.

틈새 품목 공략하기

제약 영업 사원은 보통 블록버스터 대형 품목을 신규하려고 노력한다. 한 방을 노리는 것이다. 하지만 한 방을 노리는 것은 자신만이 아니다. 모든 영업 사원이 매출이 많이 나오는 혈압약이나 항생제 같은 대형 품목을 자기 회사 제품으로 바꾸려고 한다. 따라서 경쟁이 치열하다. 치열한 품목에서 힘들게 경쟁하느니 경쟁하지 않는 소외된 품목을 노리는 것도 좋은 전략이다.

(1)남이 신경쓰지 않는 품목, (2)거래하지 않는 제약 회사 제품인데 원장님이 그냥 쓰는 품목, (3)거래를 해도 수개월에 한 번씩 방문하는 유령 영업 사원 품목, (4)처방 액이 십만 원 미만인 소액 품목 등은 쉽게 바꿀 수 있다. 일도 열심히 했고 원장님과 친하면 이 정도 부탁은 해도 된다. "원장님, 딱히 거래가 없거나 자주 오지 않는 제약 회사 품목이 있으면 한두 개만 저희 것으로 바꿔주세요." 틈새 품목이라고 무시하면 안 된다. 한 개, 두 개 신규하다 보면 볼륨이 커지고 매출에 도움이 된다. 틈새 품목을 공략하여 매출을 알금알금 늘리는 것도 좋은 전략이다.

신규 후 처방 증대 방안

한 품목이라도 병(의)원 신규를 한 것은 기분 좋은 일이다. 하지만 이것에 만족하면 안 되고 이것을 시작으로 처방을 늘려야 한다. 지금부터 해당 병(의)원은 거래처이다. 거래처와 비거래처는 영업 환경이 전혀 다르다. 더 이상 문전박대 당하지 않는다. 비록 한 품목이지만 원장님과 끈이 이어진 것이다. 이제부터는 일하기가 훨씬 수월하다. 약 한 달 동안은 이 한 품목에 집중하여 매출이 최대로 나오게 하라. 절대로 다른 품목을 욕심내면 안 된다. 한 달 정도는 미래를 위해 원장님과 친분을 쌓는 기간이다. 방문 디테일을 한 다음에 식사도 하고 감성 영업도 하며 친해져라. 아무리 제품이 좋아도 원장님과 친분이 없으면 매출을 키우기가 어렵다. 한 달이 지나면 통계를 받아 처방이 얼마나 나왔는지 확인하라.

둘째 달부터는 차근차근 품목을 늘려라. 기존에 쓰던 제품만으로는 처방 금액을 늘리는 데 한계가 있다. 다른 제품을 추가하던지 신제품이 나왔을 때 품목 신규를 하여 처방 제품군에 추가해야 한다. 처방 제품이 늘어나면 자연히 처방 금액도 늘어난다. 원장님에게 다른 좋은 품목에도 기회를 달라고 부탁하고 자신 있는 품목으로 디테일하고 샘플을 전달하라. 운과 타이밍이 좋으면 대박 품목이 몇 개 들어갈 수도 있다.

병(의)원 신규는 한 달에 몇 개가 적당한가?

제약 영업 사원이 한 달에 병(의)원 신규를 몇 개나 할까? 정확한 통계는 없다. 사람마다 다르기 때문이다. 거래처가 많은 경력이 오래된 영업 사원은 병(의)원 신규를 많이 하지 않는다. 원장님과 친한 거래 병(의)원에서 처방을 늘리는 것이 모르는 병(의)원을 신규하는 것보다 쉽기 때문이다. 하지만 신입 사원은 이렇게 일하면 안 된다. 미친 듯이 다니며 신규 병(의)원을 확보해야 한다. 필자가 아는 신입 사원은 여섯 달 동안 병(의)원 신규를 서른 개나 하였다. 한 달에 다섯 개꼴이다. 이렇게 짧은 시간에 병(의)원 신규를 몇 십 개 하는 것은 상당히 어렵다. 리베이트 투아웃제 이후에는 신규가 더 어렵다. 물론 지역마다 차이가 있다. 아파트가 대규모로 들어서는 신도시에는 병(의)원 개설도 많다. 이런 지역은 집중 공략하면 병(의)원 신규 숫자를 늘릴 수 있다. 하지만 이 신입 사원은 부지런함과 역량, 영업 노하우로 이렇게 하였다. 경력이 오래된 영업 사원이라도 기존 거래처만으로 처방 금액을 늘리고 목표를 달성하는 데 한계를 느끼면 병(의)원 신규를 해야 한다. 영업을 하다 보면 어느 순간에 한계점에 다다른다.

신입 사원은 병(의)원 신규 숫자로 평가받는다. 스스로 한 달에 병(의)원 신규를 몇 개 하겠다는 목표를 세우고 어렵더라도 절대로 포기하지 마라. 열 개 병(의)원을 인수인계 받았으면 일 년 후에 거래 병(의)원을 서른 개 만들겠다는 목표를 세우고 다녀라. 신규 왕이 되어 회사에 이름을 알려라.

새로 개원하는 병(의)원을 잡아라.

제품력과 영업 사원의 친화력만으로 병(의)원 신규를 하기는 쉽지 않다. 이럴 때는 새로 개원하는 병(의)원을 노려라. 개원 병(의)원은 시작하는 단계라 거래하는 제약 회사가 수두룩한 병(의)원을 신규하는 것보다 훨씬 쉽다. 남보다 빨리 개원하는 병(의)원을 발견해 찾아가고, 남보다 빨리 원장님을 만나 적극적으로 공략하면 반은 성공한 것이다.

처음부터 제약 회사나 도매 업체를 끼고 개원하는 경우도 있지만 모든 약을 이들 것으로 쓰는 것이 아니므로 작은 품목 한두 개라도 건진다는 생각으로 접근하라. 요즘은 경기가 안 좋아 개원하는 병(의)원이 생각보다 많지 않지만 담당 지역을 다닐 때는 항상 개원 현수막이 걸렸는지 살펴라. 개원 병(의)원을 먼저 발견하여 원장님을 먼저 만나는 사람이 승리자이다.

필자의 경험담

필자가 담당 지역을 다니다 한 건물에 가정의학과 8월 말 오픈 예정이란 현수막이 걸린 것을 보았다. 바로 그 건물로 달려갔더니 내부 인테리어 공사가 한창이었다. 원장님도 없고. 인부 아저씨에게 원장님이 언제 오느냐고 물으니 모른다고 하였다. 명함이라도 놓고 가려다가 쓰레기가 될 것 같아 다음날 다시 오기로 하였다. 하지만 며칠을 방문했어도 원장님을 만나지 못했다. 그래서 인테리어 공사 책임자를 만나 명함을 주고 원장님 전화번호를 물었지만 알려주지 않았다. 원장님이 점심시간 이후에 온다는 말을 듣고 며칠을 방문했지만 만나지 못했다. 하루는 인부 아저씨를 조용히 불러 담뱃값이나 하라고 만 원을 주며 원장님이 오면 전화 한 통 해달라고 부탁하였다. 효과가 있었다. 한 시간쯤 뒤에 인부 아저씨가 전화로 원장님이 왔다고 알려줬다.

필자는 빛의 속도로 달려가 원장님을 만났다. 여자 원장님이었는데 제품 디테일을 한 다음에 커피와 식사를 함께하며 즐거운 시간을 보냈다. 원장님이 처음 하는 개원이라 긍정적인 이야기를 많이 해주었다. 약도 우리 회사 제품으로 정하였다.

문전 약국의 중요성

병(의)원과 가장 가까이 있는 약국을 문전 약국이라 한다. 요즘은 약국과 직거래를 하지 않는 제약 회사가 많다. 이런 회사 영업 사원은 병(의)원에만 집중하고 방문한다. 하지만 약국 직거래를 하지 않아도 문전 약국에 관심을 기울여야 한다. 뜻하지 않게 문전 약국 약사님이 제품 신규를 해주기 때문이다.

원장님이 많이 처방하는 다른 제약 회사 제품이 장기간 품절되면 성분이 같은 다른 회사 제품으로 처방해야 한다. 이때 문전 약국 약사님이 동일 성분의 제품을 원장님에게 추천하는 경우가 많다. 약사님과 친분을 쌓았다면 약사님이 우리 회사 제품을 추천할 수 있다. 또 환자들이 문전 약국에서 원장님이 처방한 약에 관한 불만이나 부작용을 자주 이야기한다. 문전 약국 약사님이 원장님과 친분이 있으면 이런 불만을 전하고 다른 제품을 추천한다.

약사님이 병(의)원이 있는 건물의 건물주인 경우도 있다. 이럴 때는 약사님 도움을 받을 수 있다. 약사님이 친분이 있거나 직거래 하는 제약 회사 약을 원장님에게 추천하는 경우가 있다. 이렇게 하면 약사님 입장에서 약 공급이 수월하고 여러모로 편하기 때문이다. 이 밖에도 문전 약국 약사님은 병(의)원에서 어떤 약을 많이 쓰는지, 어떤 제약 회사와 거래가 큰지, 어떤 약을 쉽게 바꿀 수 있는지 같은 고급 정보를 알려준다.

4. 공격적 제약 영업 테크닉

친한 병(의)원만 방문하지 마라.

제약 영업을 하다 보면 문전박대를 당하거나 진료실 앞에서 한 시간 넘게 기다릴 때가 많다. 이럴 때는 정말로 마음이 아프다. 하지만 친한 원장님 병(의)원에 가면 이런 대접을 받지 않는다. 원장님이 반갑게 맞이하고 대화도 오래하고. 이러면 영업 사원 기분이 좋아진다. 그 결과 병(의)원을 다닐 때 친한 원장님 위주로 다니는 습관이 생긴다. 자연스럽게 거래 병(의)원이 아니거나 소액 거래처이거나 거래가 있어도 친분이 없는 원장님 병(의)원은 띄엄띄엄 가게 된다.

하지만 이것은 잘못이다. 업무의 경중(輕重)이 바뀐 영업 방식이다. 친한 병(의)원만 방문하면 매출과 거래 병(의)원 수가 늘지 않는다. 그냥 정체할 뿐이다. 친한 원장님 방문 비중을 조금 줄이고 거래 병(의)원이 아니거나 소액 거래처이거나 거래가 있어도 친분이 없는 원장님 병(의)원 방문을 늘려라. 친한 원장님은 특별한 일이 생기지 않으면 꾸준히 우리 회사 제품을 쓰고, 조금 덜 가도 자주 간 것처럼 기억한다.

그 시간에 거래가 없는 병(의)원을 방문하여 신규하고 친분이 없는 원장님을 찾아 친해지려고 노력하라. 문전박대가 두려워 친한 병(의)원 위주로 다니면 제약 업계에서 살아남지 못한다.

통계 자료를 분석하라.

동네 축구의 특징은 선수들이 골만 넣으려 하지 수비에 관심이 적다. 하지만 프로 축구나 국가대표 축구처럼 수준이 올라가면 공수 균형이 전략의 핵심이다. 제약 영업도 마찬가지이다. 신규가 중요하지만 거래 병(의)원에서 처방이 많이 나오는 것도 중요하다. 하지만 신입 사원처럼 경험이 부족한 영업 사원은 무조건 신규에만 집중한다.

제약 영업 사원은 월초에 병(의)원에서 EDI 자료[10]를 받는다. 해당 병(의)원이 우리 회사 약을 얼마나 썼는지 알 수 있는 자료이다. 통계 자료를 받으면 단순히 실적 자료로만 쓰지 말고 최근 3개월 자료를 놓고 분석하라. 우리 회사 제품 처방이 각각 얼마나 늘고 줄었는지 확인하고, 처방이 준 제품은 까닭이 무엇인지 분석하여 영업 전략을 세워라. 이런 다음에 병(의)원을 방문하여 처방이 늘어난 제품은 원장님에게 감사 인사를 전하며 방어해야 하고, 처방이 준 제품은 원장님에게 까닭을 정중히 묻거나 지속적으로 더 디테일하며 공격해야 한다. 통계 자료를 분석해야 방어할지, 공격할지 알 수 있다.

한편 건강보험심사평가원 자료를 보다가 한 번도 안 간 병(의)원이

---

10. 의사가 처방한 의약품을 국민건강보험공단에 청구한 자료

자기 회사 제품을 처방하는 것을 보고 놀랄 때가 종종 있다. 이러면 빨리 병(의)원을 방문해 인사하고 거래처로 만들어야 한다. 건강보험심사평가원 자료로 찾을 수 없으면 담당 지역을 열심히 다니며 이런 병(의)원을 찾아야 한다. 약국도 가고, 거래하지 않는 병(의)원도 가고, 다른 회사 영업 사원과도 친해져야 한다. 그러면 행운이 찾아온다. 이런 행운도 실력이고 노력이고 실적이다.

원장님의 약 처방 유형

거래하는 병(의)원 원장님은 수많은 제약 회사와 전문 의약품 가운데 어떤 기준으로 약을 선택할까? 원장님이 약을 선택하는 데는 나름대로 까닭이 있다. 보통 원장님이 약을 선택하는 기준은 다음과 같은데 그 특성에 맞게 영업 활동을 해야 한다.

첫째, 외국계 제약 회사나 의사 사회에서 인지도가 높은 제약 회사 등 특정 회사 제품을 처방하는 유형이다. 둘째, 오리지널 제품이나 개량 신약, 대조약, 블록버스터 제품, 부작용이 적은 약, 효과가 빠른 약 등 제품을 보고 처방하는 유형이다. 셋째, 영업 사원을 보고 선택하는 유형이다. 하위권 제약 회사 약이나 제네릭 제품이라도 영업 사원이 열심히 하고 친분이 있으면 처방한다. 넷째, 개원한 다음에도 수련의 시절에 배운 처방 패턴을 습관적으로 유지하는 유형이다. 다섯째, 주변에 있는 환자가 많거나 환자 만족도가 높은 병(의)원 처방을 따라 하는 유형이다. 여섯째, 차별화와 자신만의 경쟁력을 내세우려고 주변 병(의)

원에서 안 쓰는 약을 처방하는 유형이다.

원장님의 처방 패턴을 파악하라.

모든 원장님은 자신만의 처방 패턴이나 좋아하는 처방 패턴이 있다. 항생제를 적게 처방하시는 원장님도 있고, 시럽보다 정제를 좋아하는 원장님도 있고, 패치를 좋아하는 원장님도 있고, 가격이 싼 약을 좋아하는 원장님도 있고, 오리지널 제품이나 메이저 회사 제품만 원하는 원장님도 있고, 약 크기가 작은 것을 좋아하는 원장님도 있고, 맛이 좋은 약을 좋아하는 원장님도 있고, 약 효과가 부드러운 것보다 강력한 제품을 좋아하는 원장님도 있고, 하루 세 번 먹는 약보다 하루 한 번 먹는 약을 좋아하는 원장님도 있다. 까닭도 다양하다. 수련할 때 얻은 습관일 수도 있고 자신만의 노하우일 수도 있고 다른 병(의)원 처방을 따라한 것일 수도 있다.

제약 영업 사원은 원장님의 처방 패턴을 파악한 다음에 패턴에 맞게 공략해야 한다. 항생제를 안 쓰는 원장님에게 항생제를 디테일하면 효과가 있을까? 맛이 좋은 약을 선호하는 원장님에게 쓴 약을 디테일하면 효과가 있을까? 하지만 이렇게 헛다리짚으며 영업하는 일이 많다. 가장 빠른 방법은 문전 약국 약사님에게 확인하는 것이지만, 다른 영업 사원에게 정보를 얻을 수도 있고 원장님에게 직접 물을 수도 있고 원장님에게 진료를 받고 처방전을 받아 확인할 수도 있다.

루틴 처방약 알아내 공략하기

제약 영업 사원은 원장님에게 아무 약이나 써달라고 부탁하면 안 된다. 바꾸기 쉬운 약, 신규하면 매출이 큰 약, 원장님이 거래 없이 쓰는 약 등을 파악하여 전략을 세워야 한다. 적을 알아야 이길 수 있다. 루틴 처방약이란 원장님이 습관적으로, 가장 자주, 가장 많이 처방하는 약이다. 다음 방법을 활용하여 병(의)원의 루틴 처방약을 알아내자.

첫째, 문전 약국 약사님과 친분이 있으면 약사님에게 병(의)원 원장님이 주로 쓰는 약과 바꾸기 쉬운 약이 무엇인지 알려달라고 부탁하라. 약사님과 친분이 없으면 약국 앞에 버린 약통을 확인하라. 항생제, 혈압약, 시럽류 등 약통이 많은 것이 많이 처방되는 약이다.

둘째, 병(의)원을 방문할 때 원장님 컴퓨터 모니터를 살짝 보아라. 진료실에서 영업 사원이 원장님 옆에 앉아 면담하므로 모니터를 볼 기회가 있다. 보기 어려우면 실제로 원장님에게 진료를 받아 처방전을 얻어라. 처방전을 보면 약 쓰는 패턴을 알 수 있다. 원장님과 친분이 있으면 어느 회사 제품을 쓰는지 자연스럽게 물어봐라. 그 정도는 이야기해준다.

셋째, 친한 다른 제약 회사 직원에게 해당 병(의)원이 어떤 약을 많이 쓰는지 슬쩍슬쩍 정보를 얻는다. 자기 정보는 흘리지 않고 다른 회사 정보를 얻는 것이 기술이다. 접수대에 앉은 간호사에게 무슨 약이 처방되는지 물어볼 수도 있다. 원장님이 많이 처방하는 약 이름과 효과를 메모하는 간호사도 있다.

해열제를 예로 들면 원장님은 하나의 해열제만 쓰지 않는다. 몇 개

제약 회사의 해열제나 몇 개 성분의 해열제를 쓴다. 이럴 때는 우리 회사 해열제를 루틴 처방하게 해야 한다. 병(의)원을 방문할 때마다 우리 회사 해열제를 루틴으로 처방해달라고 부탁하고 디테일하라.

블록버스터 제품으로 영업하라.

어떤 제품으로 영업할지 감이 잡히지 않을 때가 있다. 특히 신입 사원 때 그렇다. 이럴 때는 회사에서 가장 많이 팔리는 블록버스터 제품으로 영업하라. 매출이 50~100억 이상인 제품은 원장님도 대부분 안다. 따라서 디테일하기도 쉽고 대화를 나누기도 쉽다. 그런 다음에 하나둘씩 품목을 늘리는 것이다. 제약 영업은 주요 품목 하나를 세팅한 다음에 차근차근 다른 제품을 붙여 나가는 것이다. 물론 여러 품목을 묶어 한방에 대박을 터트리는 경우도 있지만 요즘은 쉽지 않다. 먼저 블록버스터 제품을 진입시킨 다음에 차근차근 다른 제품을 늘려라. 오늘은 이 제품, 내일은 저 제품 식으로 여러 제품을 디테일하지 마라. 다니는 회사에 블록버스터 제품이 있는 것은 커다란 복이다.

트렌드(Trend) 처방을 유도하라.

약도 새롭게 진화하고 발전한다. 과거에 단순히 파란색 알약이었던 비아그라는 같은 성분으로도 필름 형태로 녹여 먹는 약, 물 없이 가루로 먹는 약, 씹어 먹는 약처럼 반값에 복약 방법과 휴대 방법이 편리하며 효과도 뛰어난 복제 약으로 진화하였다. 또 과거에는 혈압약이나 고지혈증 약 등을 여러 개 먹어야 했지만 요즘은 복합제 하나로 출시한다.

제약 영업 사원은 변화하는 약물 트렌드를 원장님에게 정확하게 전달하여 처방까지 연결해야 한다. 사실 나이가 많은 원장님은 젊은 원장님보다 새로운 것을 추구하지 않고 수련 시절의 처방 패턴을 고수하는 경우가 많다. 이런 원장님에게 신약 정보를 전달하고 새로운 처방 트렌드를 알려주는 것이 영업 사원의 역할이다. 병(의)원도 치열하게 경쟁한다. 영업 사원이 새로운 트렌드 처방을 유도하면 회사 제품의 처방이 늘겠지만 원장님이 다른 병(의)원과 경쟁하는 데도 도움이 된다. 아무 제품이나 디테일하지 말고 처방 트렌드에 맞는 제품을 디테일하라.

적을 알고 공략하라.

제약 영업이란 단순하다. 병(의)원에서 쓰는 다른 회사 약을 우리 회사 약으로 바꾸는 것이다. 그러려면 다른 제약 회사, 즉 적을 알아야 한다. 내가 공략하는 원장님이 어느 제약 회사와 거래가 큰지, 무슨 약을 많이 쓰는지, 루틴으로 쓰는 약이 무엇인지 등을 알아야 한다. 아무런 정보와 전략 없이 병(의)원에 가서 디테일만 한다고 신규가 되는 것은 아니다.

이런 정보를 알았으면 거기에 맞게 영업 전략을 세워야 한다. 루틴으로 쓰는 약에 동일 성분 제품으로 공격적으로 공략할지, 틈새 품목으로 공략할지 정해야 한다. 또 원장님이 거래하는 제약 회사 영업 사원 가운데 병(의)원에 자주 오지 않고 영업력이 떨어지는 사람이 있으면 공략 대상으로 삼는다. 제약 영업은 단순한 디테일 영업이 아니다. 정보가 많은 사람이 반드시 승리한다.

또 비교 디테일을 하여 효과와 부작용, 약가 등에서 우리 회사 제품은 장점이, 다른 회사 제품은 단점이 돋보이게 해야 한다.

다른 제약 회사 공략법

제약 영업은 병(의)원에서 쓰는 다른 회사 제품을 우리 회사 제품으로 바꾸는 것이다. 이러려면 정보력과 신속함이 필요하다. 다음처럼 다른 제약 회사가 허점을 보이면 놓치지 말고 파고들어라.

첫째, 원장님과 친분이 있던 다른 회사 담당자가 바뀌는 것은 좋은 기회이다. 보통 이때 약이 가장 많이 바뀐다. 둘째, 다른 회사 영업 사원이 병(의)원 방문을 제대로 안 하면 부지런히 방문하라. 셋째, 다른 회사 영업 사원이 원장님과 약속 등을 지키지 않아 신뢰가 무너졌다면 찾아가 원장님에게 믿음을 주어라. 넷째, 다른 회사 제품이 생산 중단되었거나 장기 품절 상태이면 찾아가 동일 성분의 우리 회사 제품으로 바꾸어라. 다섯째, 다른 제약 회사가 좋지 않은 소식으로 언론에 오르내리면 원장님이 약 처방에 조심스러워진다. 이때를 놓치지 마라. 원장님 입장에서 민감한 일일 수도 있으니 말실수하면 안 된다. 여섯째, 환자가 다른 회사 제품이 부작용이 심하다고 원장님이나 약사님에게 자주 말한다면 찾아가 동일 성분의 우리 회사 제품으로 바꾸어라. 원장님도 교체를 생각하고 있을 것이다. 자기 회사 제품이 다른 회사 것보다 효과나 약가 면에서 뛰어나다면 논문 자료나 임상 자료 등을 토대로 제품력으로 접근하라.

원장님이 거래하지 않는 제약 회사나 외국계 제약 회사를 노려라.

로컬 영업은 정말로 전쟁이다. 뺏고 뺏기고의 연속이다. 그래서 영업 사원이 병(의)원을 자주 찾아 원장님과 친분을 쌓고 약 처방을 다른 제약 회사에 뺏기지 않으려고 노력한다. 이렇게 경쟁이 치열하므로 제품을 신규하기가 쉽지 않다. 보통 병(의)원에서 원장님이 여러 회사 약을 처방하므로 잘 찾아보면 거래가 없지만 원장님이 습관적으로 처방하는 약이 있다. 이런 품목을 노려야 한다. 특히 외국계 제약 회사 제품은 오리지널이고 널리 알려졌기에 영업 사원이 오지 않아도 원장님이 습관적으로 처방하는 경우가 많다. 이런 것을 노려야 한다. 국내 제약 회사는 로컬 영업에 많은 비중을 두고 한 지역에 1~3명의 영업 사원을 투입한다. 반면에 외국계 제약 회사는 종병 영업에 비해 로컬 영업 쪽은 인력이 적어 영업 사원 한 명이 여러 지역을 담당한다. 따라서 국내 제약 회사 영업 사원보다 병(의)원을 적게 방문한다. 친한 원장님에게 외국계 제약 회사 제품과 성분이 같은 자기 회사 제품을 디테일하고 처방까지 연결되도록 노력하라. 전략을 세워 남이 소홀한 것부터 공략하는 것이 제품 신규를 하는 가장 쉬운 방법이다.

품절 제품을 공격하라.

　제약 영업을 하다 보면 제품이 품절되는 일을 종종 겪는다. 품절이란 일시적으로 제품의 재고가 없는 것이다. 갑자기 독감이 돌아 호흡기 관련 제품의 처방이 급속히 늘면 약이 떨어진다. 또 원료를 수입하거나 제품 자체를 완제품으로 수입하는 경우에 수입이 원활하지 않아도 품절이 일어난다.
　다른 제약 회사 제품이 품절되었을 때를 잘 이용해야 한다. 특히 장기간 품절되었다면 그 제품을 집중 공략하여 우리 회사 제품으로 바꿔야 한다. 장기간 품절이 일어나면 원장님은 대체 처방할 다른 제품을 찾는다. 이럴 때 재빨리 병(의)원을 찾아 성분이 같은 우리 회사 제품을 디테일하면 100% 교체할 수 있다. 이것이 타이밍이다. 제약 영업을 잘하는 사람은 절대로 이런 기회를 놓치지 않는다. 다른 회사 제품이 품절되었다는 정보는 문전 약국에서 얻는다. 필자가 직거래가 있든 없든 문전 약국 방문을 꾸준히 하는 것도 이것 때문이다. 약사님은 누구보다 빨리 제품 품절을 안다. 회사 마케팅 부서가 정보력이 좋으면 경쟁 제약 회사 제품 품절을 빨리 알아내 영업 사원에게 알려주기도 한다. 한편 친한 다른 회사 영업 사원에게 듣는 경우도 있다.

제품 설명회를 활용하라.

　병(의)원을 방문하여 원장님 앞에서 일대일로 방문 디테일을 하는 것 말고도 여러 병(의)원 원장님에게 제품 디테일을 하는 방법이 있다. 이것을 다기관 대상 제품 설명회라 하는데 다섯 명 미만이 참석하는 소규모 제품 설명회도 있고, 열 명 이상이 참석하는 대규모 제품 설명회도 있다. 신제품이나 주력 제품을 홍보하려는 프레젠테이션(PT)으로 제품의 특징과 관련 임상 자료를 발표하는 식으로 진행한다. 주로 식사와 함께 이루어지기에 깔끔하고 깨끗하며 프레젠테이션을 할 수 있는 음식점을 선호한다.

　과거에는 식사 위주의 형식적인 제품 설명회가 대부분이었지만, 리베이트 투아웃제 실시 이후에는 그런 제품 설명회는 찾기 어렵고 학술적이고 공부하는 제품 설명회로 바뀌었다. 제품 설명회를 하려면 30일 전에 제약협회에 신고해야 한다. 서류 절차가 까다롭고 점검할 부분이 많으니 충분한 시간을 갖고 진행해야 한다.

　제품 설명회는 주로 마케팅 PM이 발표하였지만 최근에는 영업 사원이 직접 발표하는 경우도 많다. 공부를 많이 해야 하니 제품 지식도 늘고, 여러 원장님이 발표하는 담당자를 좋은 시선으로 본다. 따라서 제품 설명회를 할 기회가 오면 절대로 놓치지 마라. 또 제품 설명회는 사전 및 사후 관리가 중요하다. 의미 없는 일회성 제품 설명회가 되지 않게 조심해야 한다. 사전 계획을 철저히 세우고, 제품 설명회를 마친 다음에는 사후 방문으로 제품의 특징과 장점을 다시 강조하여 처방으로 연결해야 한다. 제품 설명회의 장점은 다음과 같다. (1)회사와 제품을 홍보할 기회이다. (2)문전박대 했던 원장님도 만날 기회가 생긴다. (3) 여러 원장님을 동시에 만난다. (4)제품 설명회에서 만난 원장님을 다음에 방문하여 만날 수 있다. (5)제품에 반응이 좋으면 바로 신규로 연결된다.

심포지엄을 활용하라.

제약 회사는 새로운 제품을 출시하기 전에 홍보를 하려고 심포지엄을 개최한다. 심포지엄은 규모가 작으면 몇 개의 특정 지역 병(의)원을 대상으로 진행하고, 규모가 크면 시도 단위나 전국 단위로 진행한다. 제품 설명회는 영업 사원이나 해당 제품 PM이 주로 프레젠테이션(PT)을 하지만 규모가 큰 심포지엄은 저명한 교수님을 중심으로 강좌가 진행되므로 원장님이 더 신뢰한다. 또 심포지엄에는 많은 교수님과 원장님이 참석하는데 주로 학술 목적으로 온다. 이때를 놓치지 말아야 한다. 학술 목적으로 참석한 원장님에게는 제품력으로 다가가야 한다. 우리 회사의 특정 제품에 관심이 있는 원장님이 참석하므로 놓치지 말고 공략하라. 심포지엄이 끝나면 마케팅 PM에게 참석자 명단을 받아 담당 지역에 참석한 원장님이 있는지 확인하고, 있으면 방문하라. 심포지엄이 거래가 없었던 원장님을 연결하는 고리가 될 수 있다.

비수기와 성수기 영업 노하우

보통 제약 업계는 6~8월이 비수기이다. 날씨가 덥고 휴가철이라 병(의)원을 방문하는 환자가 줄어든다. 환자가 없으니 약 매출도 떨어져 제약 영업 사원도 어렵다. 이럴 때는 피부과 위주로 영업하라. 무더운 여름에는 무좀 환자가 늘어난다. 또 땀을 많이 흘려 여드름이나 대상포진 같은 피부병이 급속히 늘어난다. 사실 피부과 처방을 많이 받으려면 여름이 오기 전에 봄부터 준비해야 하지만, 여름이라도 늦지 않다. 피부과를 열심히 다녀라. 한두 제품만 성공해도 여름을 버틸 수 있다.

또 가을과 겨울을 대비한 영업을 해야 한다. 무더운 여름이 끝나고 가을로 넘어가는 시점인 추석 전후로 환자가 급속히 늘어난다. 주로 호흡기 질환 환자가 늘어난다. 지금 당장 매출이 나오지 않아도 환절기 시즌을 대비하여 관련 제품을 미리미리 디테일해야 한다. 제약 영업이란 계절에 맞는 진료과를 공략하고 다가올 계절을 준비해야 살아남는다.

5. 성과 극대화 전략

목표부터 알아라.

제약 영업 사원이라면 누구나 목표가 있다. 말단 사원부터 팀장, 지점장, 본부장까지 주어진 목표를 달성해야 한다. 하지만 자신이 이번 달에, 상반기에, 하반기에, 올해에 어떤 목표를 달성해야 하는지 모르는 영업 사원도 많다. 제약 영업 사원은 단순히 병(의)원을 방문하여 제품을 소개하는 사람이 아니다. 주어진 목표를 달성해야 하는 사람이다. 당장의 월간 목표, 상반기 목표, 하반기 목표, 연간 목표도 모르면서 거창한 미래 목표를 세우는 것이 무슨 의미가 있겠는가? 당장의 목표를 알고 이번 달에 그 수치를 달성하겠다는 의지를 가져라. 그것이 제약 영업 사원의 기본자세이고 제약 영업 사원으로 성공하는 길이다.

안정적인 거래 병(의)원 매출 구조 만들기

제약 영업 사원마다 매출 구조가 다르다. 몇 천만 원짜리 거래 병(의)원 몇 개로 영업하는 사람도 있지만 필자는 대형 거래처와 중형 거래처, 소형 거래처가 균형을 이루는 구조를 좋아한다.

월평균 팔천만 원의 매출을 올리려면 거래 병(의)원이 대략 50개가 되어야 한다. 이 가운데 (1)천만 원 이상 거래처 한 곳, (2)오백만 원 이상 거래처 두 곳, (3)삼백만 원 이상 거래처 다섯 곳으로 매출의 50%를 만들어야 한다. 거래하는 50개 병(의)원 가운데 이 일곱 곳이 진정한 A급 거래처이니 특별한 관리와 친분이 필요하다. 또 오백만 원 이상은 특별 관리, 천만 원 이상은 팀장님과 함께 관리 같은 관리 기준도 마련해야 한다. 이런 고액 거래 병(의)원이 없으면 고액 매출을 달성하기 어렵다. 여기에 (4)이백만 원 이상 거래처 다섯 곳, (5)백만 원 이상 거래처 스무 곳, (6)백만 원 미만 소액 거래처 열일곱 곳 정도가 있으면 바람직하다. 중간 역할을 하는 거래처가 중요한데, 백만 원짜리 거래처는 많을수록 좋다. 백만 원짜리 거래처는 혹시 거래가 끊겨도 매출에 주는 위험이 적고 티끌 모아 태산처럼 쌓이면 큰 매출이 된다. 또 소액 거래처를 백만 원 이상 거래처로 만드는 것이 최고의 과제이다. 소액 거래처라고 소홀하면 안 되고 매출이 오르게 최선을 다해야 한다. 정리하면 A급 거래처가 반드시 필요하고 중간 거래처가 많아야 하며 소액 거래처 매출을 끌어올려야 한다.

중소형 거래 병(의)원의 중요성

매출을 늘리려면 대형 거래처가 필요하다. 한두 병(의)원만으로 어느 정도 매출이 나오기 때문이다. 예를 들어 천만 원 거래처가 두 곳이면 매달 이천만 원의 매출이 보장된다. 필자도 언제나 든든한 버팀목이 되는 월 매출이 천만 원을 넘는 대형 거래처가 있다. 하지만 이런 곳이 반드시 좋은 것은 아니다. 세상일은 모른다. 제약 시장과 의료계가 끊임없이 변하고 수많은 제약 회사가 경쟁하는 환경에서 천만 원짜리 거래처가 언제나 필자와 거래한다는 보장이 없다. 어떤 까닭이든 이런 대형 거래처가 다른 회사 제품으로 약을 바꾸면 매출 천만 원이 한순간에 날아간다. 이러면 타격이 클 것이다. 이렇게 대형 거래처는 언제나 위험이 도사린다. 필자도 항상 조마조마하다.

하지만 백만 원짜리 거래처 열 곳이면 어떨까? 한 곳만 가면 될 것을 열 곳을 가야 하므로 몸이 힘들지만 마음은 편할 것이다. 거래처 한 곳이 날아가도 매출 백만 원 정도는 얼마든지 다른 방법으로 복구할 수 있다. 대형 거래처를 잡아 한방을 터뜨리는 것보다 여러 거래처를 꾸준히 관리하여 매출을 키우는 것이 요즘 시대에 맞는 전략일 것이다. 영업 사원마다 영업 형태가 달라 무엇이 정답이라 할 수 없지만, 장기적으로 볼 때 20개 거래처로 오천만 원 매출을 유지하는 것보다 40개 거래처로 오천만 원 매출을 유지하는 것이 효과적일 수 있다.

상반기 실적 마감에 집중하라.

모든 제약 회사가 6월 말이면 상반기 실적을 마감한다. 제약 영업 사원은 상반기 목표를 달성하도록 전력을 다해야 한다. 그런데 상반기 목표의 중요성을 모르는 사람이 많다. 영업 사원은 반드시 연간 목표, 상반기 목표, 하반기 목표, 월간 목표를 숙지해야 한다. 외우지 못하겠으면 수첩에 적어라. 제약 회사는 상반기 목표 달성 결과로 인센티브를 준다. 또 상반기 마감이 끝나면 7월에 전국의 영업 사원을 모아 워크숍을 열고 상반기 실적을 공유한다. 실적을 채우지 못하면 이곳에서 공개적으로 망신을 당한다. 이러면 회사에서 이미지가 나빠지고 경력에도 오점을 남긴다. 비록 월간 목표는 사정이 생겨 달성하지 못할 때가 있었더라도 상반기 목표는 반드시 달성하여 편안한 마음으로 하반기를 준비하라.

하반기에는 신규에 집중하라.

제약 영업 사원은 한해 목표를 어떻게 받느냐에 운명이 결정된다. 목표와 비교하여 실적을 평가하기 때문이다. 필자는 상반기에는 거래처 병(의)원 처방을 늘리는 데 집중한다. 상반기에 나오는 신제품으로 거래처 병(의)원 처방을 늘리려는 목적으로 열심히 영업하는데 그러면 정말로 처방이 늘어난다. 하반기에는 병(의)원 신규에 집중한다. 다음 해 영업 활동을 수월하게 하려면 신규 병(의)원 몇 개가 반드시 필요하다.

제약 영업은 스스로 속도를 조절해야 한다. 물론 연초부터 신규 병(의)원 공략에 집중하면 거래하던 병(의)원 매출과 신규 병(의)원 매출이 합쳐져 매출이 크게 높아진다. 이러면 그해 실적은 좋겠지만 다음해 목표가 껑충 오른다. 신입 사원이야 찬밥 더운밥 가릴 처지가 아니므로 열심히 신규 병(의)원을 개척해야 하지만, 어느 정도 매출이 되고 한 회사에 오래 다니고 싶은 사람이라면 다음해를 내다보며 영업하라. 급성장은 다음해에 감당하기 어려운 목표를 받을 염려가 있다. 하지만 병(의)원 신규를 하반기에 집중하여 매출을 키우면 매출 증가의 폭이 크지 않아 다음해 목표도 어느 정도 조절할 수 있다.

월간 목표 100% 달성 노하우

월간 목표를 채우는 것을 월 마감 100%를 했다고 하는데, 영업 사원은 월말에 실적을 마감한다. 이때는 사무실 분위기가 살벌하다. 마감할 때까지 퇴근하지 못하는 회사도 있다. 이럴 때 포기하고 욕먹고 끝내면 안 된다. 목표 의식이 있는 제약 영업 사원이라면 월간 목표를 100% 달성하겠다는 마음가짐을 가져야 한다. 이것이 진정한 프로이다. 하지만 환자가 적은 달에는 아무리 노력해도 매출이 몇 백만 원 부족한 때가 있다. 제약 회사마다 영업 사원 실적을 약국 직거래 매출로 잡기도 하고 EDI 병(의)원 통계 자료로 잡기도 한다. 자기 회사가 약국 직거래 매출로 실적을 잡으면 부족한 매출을 이렇게 채울 수 있다.

마감일에 매출이 어느 정도 부족한지 확인하고 조금 부족하면 친한 약사님에게 전화하여 정중히 사정을 말하고 다음 달에 주문할 약을 선주문해달라고 부탁한다. 이때는 반드시 반품이 안 될 약, 처방이 많이 나와 소진될 약으로 주문을 받아야 한다. 이렇게 주문을 받고 매출을 입력하면 된다. 이러려면 약사님과 좋은 관계를 유지해야 한다. 제약 영업에는 모든 인맥이 도움이 된다. 물론 부족액이 많으면 이런 방법으로도 부족하다.

환자가 많은 병(의)원을 공략하라.

한정된 시간과 노력으로 최대한 효과를 얻으려면 제약 영업도 선택과 집중이 필요하다. 따라서 필자도 먼저 환자가 많은 병(의)원을 집중 공략한다. 그러려면 영업하려는 병(의)원이 환자가 많은 곳인지 적은 곳인지 구별해야 하는데, 구별하는 방법은 다음과 같다.

첫째, 간호사 수를 보아라. 보통 병(의)원에는 간호사가 두세 명이다. 한 명은 접수와 수납을 담당하고 다른 한두 명은 진료를 돕는다. 수술이 많은 곳을 빼고 병(의)원에서 간호사가 세 명 이상이면 환자가 많은 곳이다. 반대로 간호사가 한 명이면 환자가 적은 곳이다. 하지만 진료과마다 차이가 있다. 피부과나 성형외과, 정형외과처럼 피부 관리, 수술, 입원 등을 하면 간호사 수가 훨씬 많을 것이다. 둘째, 문전 약국의 약사와 직원 수를 살펴라. 문전 약국이 직원도 없이 약사님 혼자라면 병(의)원도 환자가 적다. 하지만 문전 약국에 대표 약사를 비롯하여 조제하는 약사님이 여럿이면 병(의)원도 환자가 많다. 셋째, 병(의)원만 있고 문전 약국이 없으면 환자가 적다. 요즘은 환자가 많은 병(의)원 주변은 약국이 서로 들어가려 한다. 없는 자리도 만들어 들어온다. 물론 성형이나 시술, 비보험 위주의 병(의)원에는 문전 약국이 없는 경우도 많다. 넷째, 병(의)원은 하나인데 약국이 두세 개이면 환자가 많은 곳이다. 처방이 많아 약국 하나로는 충분히 수용하지 못하므로 약국이 여러 개 생긴 것이다.

소액 거래 병(의)원도 꼼꼼히 관리하라.

제약 영업 사원의 실적이 병(의)원에서 나오는 처방으로 결정되므로 자기 회사 제품을 많이 쓰는 원장님이 더 좋고 자주 방문하며 신경도 더 쓴다. 반대로 처방 금액이 적은 원장님에게는 덜 가고 덜 친하게 된다. 영업 사원도 사람이라 어쩔 수 없다. 하지만 잘못된 영업 방식이다. 소액 거래처라도 자기 회사 약을 쓰는 자신의 고객이다. 처방 금액이 적어도 한 달에 두 번 이상 방문하여 감사드리고 신경써야 한다. 병

(의)원 하나로는 소액 거래처라도 소액 거래 병(의)원이 모이면 티끌 모아 태산 식으로 매출이 커진다. 또 처방 금액이 적은 데는 여러 가지 까닭이 있다. 일시적으로 환자가 적거나 다른 상황이 있을 수도 있다. 언젠가는 고액 거래 병(의)원이 될 수 있다. 소액 거래처라도 최선을 다하는 것이 영업 사원의 능력이다. 세상일에는 노력이 필요하다.

기존 거래처 공략과 신규 공략, 어느 것이 중요한가?

제약 영업 사원마다 영업 형태가 다르지만, 기존 영업 사원 가운데는 신규보다 거래 병(의)원에서 처방을 늘리는 데 초점을 맞추는 사람이 많다. 이것이 훨씬 쉽고 확실하기 때문이다. 거래와 친분이 없는 상태에서 병(의)원 신규를 하기가 쉽지 않다. 처음 보는 사람이 찾아와 약을 써달라는데 어느 원장님이 쉽게 허락하겠는가? 하지만 거래 병(의)원은 친분이 있어 영업 사원이 조금만 노력하면 약을 더 써준다. 또 기존 영업 사원이 신입 사원처럼 신규 병(의)원 위주로 공략하면 자칫 자기 수명을 단축하기 쉽다. 올해만 영업할 것이 아니므로 거래 병(의)원 처방 증대와 신규 병(의)원 확보를 조절해야 한다. 거래 병(의)원 처방을 서서히 늘리며 일 년에 신규 병(의)원을 두세 개 확보하는 전략을 세워야 한다. 단, 새로 개원하는 병(의)원은 무조건 공략해야 한다.

하지만 신입 사원은 인수인계 받은 병(의)원의 처방을 늘리는 데 그치지 말고 신규하러 다녀야 한다. 거래 병(의)원만 다니면 영업 요령을 터득하기 어렵다.

단기간에 최대한 매출 올리는 방법

짧은 시간에 매출을 올리는 일은 정말로 어렵다. 하지만 담당 지역에 오래 근무하여 기반을 잘 닦았고 여러 원장님과 친분을 잘 쌓았고 일하는 요령이 뛰어나면 한 달에 천만 원 정도 매출을 올리는 것이 불가능하지 않은데 다음과 같은 방법이 있다.

첫째, 거래하는 병(의)원 가운데 약을 많이 쓰는 곳을 집중 공략하라. 고액 거래 병(의)원은 영업 사원이나 제약 회사, 제품에 신뢰가 있어 짧은 시간에 매출을 올리기가 쉽다. 한 달 매출이 천만 원 정도인 병(의)원에 한두 품목만 더 들어가면 매출 2~3백만 원 정도는 쉽게 올라간다. 둘째, 친분이 각별한 원장님에게 사정을 솔직히 말하고 절실한 마음으로 부탁하라. 친분이 있는 상태에서 이렇게 말하면 거절하는 원장님이 별로 없다. 필자는 진급 심사가 있어 실적이 필요하다고 말했는데 대리와 과장에 진급할 때마다 여러 원장님이 매출을 몰아주었다. 셋째, 환자가 많은 병(의)원을 집중 공략하라. 하루 방문 환자가 수백 명인 병(의)원에 한 품목만 들어가도 한 달 매출이 쉽게 백만 원이 된다. 넷째, 티끌 모아 태산 식으로 거래 병(의)원마다 이십만 원씩만 처방을 올려라. 오십 개 거래처에 이십만 원이면 천만 원이다. 현직 영업 사원이라면 이 정도는 쉽게 할 수 있다.

일등과 알짜배기 영업을 하라.

회사에서 인정받는 가장 좋은 방법은 매출로 일등을 하는 것이다. 이것은 제약 영업 사원이면 누구나 꿈꾸는 목표이다. 전국에서 가장 실적이 좋다는 것은 대단한 일이다. 그 회사에서 최고라는 뜻이다. 하지만 해당 회사에 한 명밖에 없으니 쉬운 일이 아니다. 그렇다면 살짝 눈을 돌려라. 신제품 일등, 성장률[11] 일등, 달성률[12] 일등, 거래 병(의)원 수 일등, 신규처 일등, 주력 제품[13] 일등, 품목 신규[14] 일등 등 여러 타이틀이 있다. 회사가 약국 거래를 하면 OTC 매출 일등, 직거래율 일등, 회전율 일등이 있다. 이 가운데 하나라도 일등을 하면 회사에서 인정을 받는다.

한편 매달 실적을 100% 달성하여도 어떤 사람은 지갑이 두둑하고 어떤 사람은 그저 그렇다. 제약 영업 사원에게 목표 달성은 기본적인 책무이다. 영업 사원이라면 기본적인 책무 말고도 돈 버는 영업을 해야 한다. 이러려면 회사의 인센티브 정책에 주의를 기울이고 신제품 인센티브나 주력 제품 인센티브처럼 인센티브가 많은 제품에 집중해야 한다. 알짜배기 영업을 잘하는 사람이 영업을 잘하는 사람이다.

6. 돌발 상황 대처법

원장님이 만나 주지 않을 때 대처법

---
11. 전임자 실적을 초과 달성한 정도
12. 목표를 초과 달성한 정도
13. 주력 제품을 많이 판 정도
14. 품목을 신규한 정도

병(의)원 신규를 다니다 보면 원장님이 만나 주지 않는 곳이 있다. 그렇다고 포기하면 안 된다. 특히 환자가 많고 투자 가치가 있는 곳이면 장기적으로 공략해야 한다.

먼저 자주 병(의)원에 가서 왔다간 흔적을 남겨라. 매일 갈 필요는 없고 일주일에 두 번 정도 가면 된다. 첫 이 주 동안은 명함을, 다음 이 주 동안은 제품 리스트를 간호사에게 주며 원장님에게 전달해 달라고 부탁하라. 그래도 효과가 없으면 한 달 동안 매주 편지를 써서 전달하라. 길게 쓰지 말고 자필로 깔끔하게 마음을 담은 메모 형식으로 원장님을 만나고 싶고 담당자로 원장님에게 작은 도움이라도 드리고 싶다고 적어라. 이래도 효과가 없으면 한 달 동안 매주 박카스나 비타500에 회사 스티커와 카드를 써 붙이고 전달하라. 이래도 효과가 없으면 최후의 방법으로 퇴근 시간에 병(의)원 앞에서 원장님을 기다려라. 원장님을 만나면 정중히 인사하고 "원장님, △△제약 담당자 ○○○입니다 뵙고 싶은데 기회가 없어 이렇게 실례를 무릅쓰고 기다렸습니다."라고 하며 명함을 전달하라. 원장님이 명함을 받고 "그래, 다음에 봅시다." 하든지 살짝 미소를 보이면 80%는 성공한 것이다. 다음에 병(의)원을 방문하면 만날 수 있다. 하지만 원장님이 짜증을 내거나 "오지 마세요."라고 단호하게 거부하면 공략 비중을 조금 낮춰라. 한 지역을 세 명가량의 담당자가 나누어 영업하면 절대로 포기하면 안 되고, 혼자 한 지역을 담당하여 갈 병(의)원이 많으면 그 시간에 다른 병(의)원을 공략하는 것도 방법이다.

원장님이 처방을 약속했는데 처방전이 나오지 않을 때 대처법

이럴 때는 보통 원장님이 깜빡 잊었거나 해당 약을 처방하는 데 덜 익숙하기 때문이다. 고민하지 말고 원장님을 자주 찾아가 해당 약을 이야기하면 된다. 살짝 미소를 지으며 "원장님, 약국에 약이 준비되었는데 아직 처방이 나오지 않은 것 같습니다. 혹시 케이스가 되면 한두 번이라도 처방을 부탁드립니다."라고 가볍게 처방을 유도한다. 원장님이 처방하겠다고 했으면 분명히 처방이 나온다. 당장 처방해달라고 들이대면 역효과가 날 수 있으니 케이스가 되면 처방해달라고 가볍게 부탁하라. 원장님이 처음 쓰는 약에 손에 익숙하지 않을 때가 많으니 자주 상기시켜야 한다. 몇 번 처방하여 원장님이 해당 약에 익숙해지면 처방이 쑥쑥 늘어날 것이다.

약이 바뀌었을 때 대처법

제약 영업을 하다 보면 거래 병(의)원에서 다른 회사 제품으로 약이 바뀌는 경우가 있다. 보통 부작용이나 효능 저하처럼 약에 문제가 있거나 영업 사원이 병(의)원을 자주 방문하지 않고 열심히 일하지 않았거나 우리 회사 약보다 업그레이드된 신약이 출시되면 이런 일이 일어난다. 하지만 열심히 병(의)원을 방문하여 원장님에게 잘하고 약에도 문제가 없는데 까닭 없이 바뀔 때도 있다. 아마 다른 회사 영업 사원이 더 열심히 영업하였거나 더 좋은 제품으로 디테일했을 것이다.

　이럴 때는 먼저 원장님에게 약이 바뀐 까닭을 정중히 물어야 한다. 어느 정도 친분이 있으면 설명해 줄 것이다. 하지만 특별한 까닭이 없으면 다시 우리 회사 약으로 돌리기 어렵다. 이런 경우에 처하면 영업 사원은 마음이 아프고 원장님에게 서운함을 느낄 것이다. 그래도 좌절하지 마라. 빠진 매출만큼 다른 병(의)원을 공략하여 메꾸면 된다. 또 원장님과의 인연을 끊으면 안 된다. 원장님과 유대를 더 쌓아 언제가 다시 우리 회사 약을 쓰게 노력하면 된다.

약 부작용이 있으면 신속하게 대처하라.

　환자마다 특성이 다르므로 모든 약에는 부작용이 있다. 예를 들어 같은 항생제를 먹어도 어떤 환자는 설사를 안 하지만 다른 환자는 심하게 설사한다. 보통 제약 영업 사원이 제품을 디테일할 때 심각한 것이 아니라면 부작용을 강조하지 않고 효과 위주로 이야기한다. 이런 상황에서 환자가 부작용 증상을 호소하면 원장님이 아주 민감해진다. 원장님이 부작용을 문의하면 제약 영업 사원은 재빨리 움직여야 한다. 해당 약이 어떤 임상을 거쳤는지 안전성을 증명하는 자료를 전달하여 반대를 극복하라. 부작용보다 효과가 뛰어나다는 자료를 보여주어라. 원장님이 직접 테스트하겠다면 샘플을 전달하라. 가장 좋은 방법은 영업 사원이 직접 테스트하는 것이다. 우리 회사 약 가운데 다른 약으로 대체 처방을 유도하는 것도 방법이다. 우리 회사 약 가운데 대체할 약이 없으면 다른 제약 회사 제품을 추천하라. 필자는 원장님에게 다른 제약 회사 제품을 추천하였다가 오히려 신뢰를 얻은 경험이 있다. 약 부작용에 신속하게 대처하는 것은 의사와 환자를 위한 길이다. 또 당장 실적이 떨어질 수도 있지만 장기적으로 보면 원장님에게 신뢰를 얻을 수 있다.

불만 사항을 물어라.

필자는 원장님이나 교수님을 만나면 약을 쓸 때 환자들의 불만이나 불편한 점, 의사 선생님의 불편한 점 등을 묻는다. 이러면 포장 용량을 늘려라, 맛을 개선하라, 사용 설명서를 만들어라, 크기를 바꿔라, 분할선을 만들어라 등 다양한 의견을 듣는다. 이렇게 불편 사항을 확인하면 원장님이나 교수님이 필자를 더 신뢰한다. 불편 사항이 있으면 메모했다가 마케팅팀에 전달해 개선을 요청하고 진행 사항을 원장님이나 교수님에게 전달한다.

거래처 인수인계 시 대처법

새로운 영업 사원이 담당 지역에 배치되어 병(의)원을 인수인계 받으면 거래 원장님이 약을 바꿀 것인가를 가장 걱정한다. 다른 회사 영업 사원이 이 기회를 잡으려고 노력하니 약이 바뀌기 쉽다. 새로운 영업 사원보다 다른 회사 영업 사원이 원장님과 더 친하다. 이럴 때 약이 바뀌지 않으려면 방어를 잘해야 한다.

먼저 자주 방문하여 원장님과 친해져라. 고액 처방 병(의)원일수록 매주 꼬박꼬박 방문하라. 초반에는 쓰던 우리 회사 약을 그대로 쓸 것이다. 처음부터 약 이야기를 하지 말고 하루빨리 친분을 쌓아라. 신규는 나만의 감성 영업으로 친분을 쌓은 다음에 해도 늦지 않다. 병(의)원에 자주 방문하여 원장님과 소통하며 취미를 공유하고 방문 디테일한 다음에 간식거리를 챙겨라. 또 전 담당자의 영업 스타일을 그대로 따르지 말고 새롭게 업그레이드하라. 전 담당자가 방문 디테일한 다음에 원장님과 점심 식사를 함께했다면 인수인계를 받되 다른 스타일로 업그레이드하라. 한편 원장님에게 오랫동안 담당 지역에서 일하며 원장님과 좋은 관계를 지속하겠다는 믿음을 주어야 한다. 쌍벌제나 리베이트 투아웃제 실시 이후에는 믿음을 주는 영업 사원만 생존한다.

갑자기 담당 지역이 바뀌면?

살다 보면 의지와 상관없는 일이 일어나지만 제약 영업 사원에게 갑자기 담당 지역이 바뀌는 것은 억울하고 황당한 일이다. 영업 사원에게 담당 지역은 자산이다. 얼마나 고생하며 일구었는데 담당 지역을 떠나라니. 그 허무감과 허탈감은 말로 표현하기 어렵다. 매출이 잘 나오고 성장하던 지역이면 자신의 실적으로도 타격이 크다.

보통 이런 일을 겪었을 때 영업 사원의 반응은 두 가지이다. '어떻게 키운 지역인데 옮기라니, 이런 거지같은 회사를 다녀야 하나?' '아쉽지만 다른 지역에 가도 열심히 하여 능력을 보여줘야지. 나는 제약 영업에 자신이 있으니 다시 실력을 보일 기회이다.' 첫 번째 영업 사원은 다른 회사로 옮기거나 계속 다녀도 회사에 불만이 많아 실적이 떨어진다. 두 번째 영업 사원은 포기를 모르는 자신감과 열정으로 옮긴 지역에서 살아남고 승승장구할 것이다. 우리는 회사라는 조직에 소속된 직원이다. 이치에 맞지 않은 명령도 따라야 한다. 어느 경우에도 이직(移職)은 최선의 선택이 아니다. 차분히 미래를 생각하며 이겨내야 한다. 한편 그동안 매출이 좋지 않았던 영업 사원이라면 지역을 옮기는 것을 기회로 삼고 열심히 일하여 자신의 가치를 보여야 한다.

7. 영업 사원 자기 관리법

나는 담당 지역 사장이다.

제약 영업 사원은 다른 영업 직군과 달리 능력제가 아니다. 실적과 상관없이 많은 기본급이 보장된다. 즉 일등이나 꼴찌나 같은 직급에 같은 호봉이면 월급이 같다. 따라서 영업 사원이란 본분을 잊고 월급쟁이처럼 대충대충 일하는 경우가 많다. 이러면 안 된다. 월급쟁이가 아니라 담당 지역의 사장이란 자세로 일해야 한다. 직접 사업체를 운영하는 사람은 대충 일하지 않는다. 그러면 매출이 줄고 망할 수도 있다. 영업 현장에서 제약 도매상을 하는 사장님을 만나는데 제약 회사 영업 사원보다 열심히 병(의)원을 방문한다. 자신이 사장이기 때문이다. 내 사업 체이기에 남보다 열심히 일한다. 제약 영업 사원도 이런 정신으로 일해야 한다. 그래야 목표가 생기고 즐겁게 일하고 실적이 오른다. 또 실적이 오르면 많은 인센티브가 생겨 노력한 만큼 보상이 따라온다.

제약 영업은 장기전이다.

제약 영업은 어떻게 보면 단순하다. 병(의)원에 방문하여 원장님에게 제품 정보를 전달하는 제품 디테일을 하여 처방까지 연결하면 된다. 하지만 이렇게 단순한 업무도 많은 노력과 시간을 필요로 한다. 이미 친분이 있고 우리 회사 제품을 많이 쓰는 병(의)원에서 한두 품목을 신규하기는 어렵지 않지만 거래가 없는 병(의)원에서 신규하기는 무척 어렵다. 자주 병(의)원을 찾아야 하고 원장님과 친해져야 하고 제품 디테일을 꾸준히 하는 등 장기전을 펼쳐야 한다. 짧은 시간에 어떻게 해보겠다는 생각은 금물이다.

리베이트 투아웃제 이후에는 제약 영업의 판도가 완전히 바뀌었다. 천만 원짜리 거래처를 만들려면 몇 년이 걸릴 수도 있다. 제약 영업이 장기전이라 끈기와 체력, 노력이 필요하다. 신규가 안 된다고 포기하지 마라. 특히 신입 사원이 병(의)원을 몇 번 방문하다가 신규가 안 되면 쉽게 포기하는데 제약 영업은 장기전이다. 누가 잘 버티고 꾸준히 작업하느냐에 승패가 갈린다.

한 지역을 오래 맡아라.

　제약 영업을 잘 하려면 원장님과 친해야 하는데 짧은 기간에 친해지기가 어렵다. 1~2년이 지나도 서먹서먹하다. 마음을 열려면 오랫동안 병(의)원을 방문하여 원장님을 만나야 한다. 하지만 요즘은 제품력에 자신이 있고 공격적으로 영업한다는 제약 회사는 몇 년 주기로 영업 사원 담당 지역을 바꾼다. 3~5년마다 지역을 바꾸든지, 갑자기 다른 지역으로 발령을 내든지 영업 사원이 원하지 않아도 회사 시스템에 의한 로테이션이 일어난다.

　사실 로컬 영업은 한 지역에서 오래 근무하는 영업 사원에게 유리하다. 원장님도 영업 사원이 자주 바뀌는 것을 싫어한다. 새로운 영업 사원이 오면 서로 적응해야 하기 때문이다. 한편 한 지역을 오래 맡아서 생기는 단점도 있다. 같은 지역에 너무 오래 있으면 확실히 게을러진다. 병(의)원 신규를 노력하기보다 거래 병(의)원 위주로 방문하며 기존 매출을 유지하는 영업을 하기 쉽다. 하지만 다른 지역으로 옮기면 그럴 수 없다. 게을러지면 도태한다. 따라서 신입 사원처럼 신규를 다니는 등 병(의)원을 자주 방문한다. 이렇게 장점과 단점이 있지만 필자가 보기에는 영업 사원에게 한 지역을 오래 맡기는 제약 회사가 영업 사원을 자주 바꾸는 회사보다 경쟁력이 있다.

50%는 운이다.

영업 사원은 매일 열 곳이 넘는 병(의)원을 부지런히 방문하고 제품을 디테일하고, 원장님과 함께 식사나 취미 생활을 한다. 원장님과 친한 것 같은데 원장님이 약을 써주지는 않는 경우도 많다. 그런데 어떤 사람은 처음 간 병(의)원에서 원장님을 처음 만나 여러 품목을 신규한다. 이것이 운이고 타이밍이다. 원장님이 약을 바꾸려는 시점에 운 좋게 병(의)원을 방문한 것이다. 병(의)원을 열심히 방문해도 좀처럼 신규를 못 했으면 운과 타이밍이 아직 오지 않은 것이다. 다른 회사 영업 사원이 바뀌거나 사고를 치거나 좋은 신약이 나오는 것 같은 타이밍이 있어야 한다. 조급해 하지 말고 이런 운과 타이밍을 만나기 위해 병(의)원을 꾸준히 방문하라.

열 번 잘해도 한 번에 날아간다.

제약 영업을 하다 보면 한 번의 실수로 한순간에 거래가 끊기는 일이 일어난다. 영업이라는 것이 사람과 사람의 관계라서 평소에 아무리 잘 했어도 한 번의 어긋남이 돌이키기 어려운 결과를 가져오기도 한다. 중요한 약속은 한 번만 깜박해도 원장님이 크게 실망한다. 정보를 전달하지 않아 보험 청구가 삭감되었다면 병원에게는 커다란 손해다. 평소에 약속이나 중요한 정보를 메모했다가 반드시 지키는 습관을 들여야 한다. 또 오래 거래하고 자주 볼수록 원장님과 가까워진다. 이러면 자기도 모르는 사이에 긴장을 놓고 편하게 행동하기 쉽다. 이러면 원장님이 기분 상할 일이 반드시 일어난다. 항상 말과 태도, 행동에 주의를 기울여야 한다.

특히 종합병원이나 대학병원 영업에는 관계를 잘 살펴야 한다. 특정 진료과의 교수님 사이에도 서열이 존재한다. 나아가 학회 안에서도 여러 교수님이 복잡한 관계로 얽혀 있다. 영업 사원은 이런 관계를 잘 파악해야 한다. 종병 영업은 교수님을 일대일로 공략하는 것만으로는 충분하지 않다. 이런 관계를 잘 활용해야 한다.

체력을 길러라.

제약 영업 사원은 폭염과 폭한의 날씨에도 온종일 가방을 들고 걸으며 병(의)원 열 곳 이상을 방문한다. 필자는 자동차가 있어 조금 낫지만 한여름과 한겨울에는 정말 힘들다. 정신적인 것보다 체력적으로 힘들다. 따라서 체력 관리를 잘해야 한다. 의욕과 의지가 불타도 몸이 받쳐주지 않으면 소용이 없다. 하루를 피곤으로 시작하면 일이 제대로 안 될 것이다. 고객인 원장님도 영업 사원의 피곤한 얼굴을 보고 기분이 좋지 않을 것이다. 제약 영업이 자신과의 싸움이기에 이렇게 피로가 쌓이면 일도 서서히 무너진다.

필자는 다음과 같이 체력을 관리한다. 매일 종합 비타민제를 먹는데 보이지 않게 힘이 된다. 또 일하며 비타민C를 먹고 박카스나 비타500 등을 자주 마신다. 퇴근 후에는 한 시간 반 정도 골프 연습을 하고 주말에는 집 근처 공원을 걷는다. 또 잠을 깊게 자려고 노력한다. 평일에는 되도록 술 약속을 하지 않는데 다음날 일하는 데 지장을 주기 때문이다.

쉴 때는 쉬어라. 하지만 이런 일은 안 된다.

아무리 건강한 영업 사원이라도 매일매일 쉬지 않고 기계처럼 일하기는 어렵다. 휴식이 필요하다. 또 영업 일은 자유롭고 다른 사람 눈치를 덜 보는 장점이 있다. 피곤하거나 일하기 싫으면 충분히 쉬어라. 오늘 재충전하고 내일은 오늘 못한 일을 하면 된다. 단, 내일도 쉬고 모레도 쉬면 안 되고 원장님과의 약속은 어떤 일이 있어도 지켜야 한다.

하지만 다음과 같은 일은 하지 마라. 습관이란 무섭다. 이런 일에 빠지면 헤어나기 어렵다. 첫째, 담당 지역을 이탈하면 안 된다. 원장님이 부르시거나 거래 병(의)원에 급한 일이 생겼을 때 즉시 방문해야 하니 담당 지역에서 쉬어라. 둘째, 집에 가지 마라. 집이 담당 지역에 있을 때 집에서 점심을 먹거나 쉬는 일이 있는데 집에 가면 나오기 어렵다. 쉬어도 밖에서 쉬어라. 셋째, PC방이나 스크린 골프장, 당구장 같은 곳에 가지 마라. 이런 곳에 가는 목적은 휴식이 아니라 놀이이다. 차에서 쉬거나 카페에서 차를 마시며 생각을 정리하라. 또 다른 지역에서 일하는 동료나 후배를 부르지 마라. 차라리 담당 지역이 같은 다른 회사 영업 사원과 차를 마시며 정보를 얻어라.

필자는 일하기 싫으면 (1)차 안에서 잠깐 자고 거래처를 정리하거나 (2)친한 약사님 약국에 가 수다를 떨며 병(의)원과 약에 관한 이야기를 하거나 (3)카페에서 블로그를 정리하거나 (4)피부과 병(의)원 에스

테틱 실에서 직원들과 차를 마시며 여러 정보를 얻는다.

일정을 관리하라.

제약 영업은 자기와의 싸움이라 자기 관리가 중요하다. 간섭 없이 일하다 보면 게을러지기 쉽다. 따라서 일정이 필요하다. 즉흥적으로 영업하지 않고 동선에 맞게 일정을 짜 움직이면 효율적이고 알차게 일할 수 있다. 다음은 일정을 관리하는 원칙이다.

첫째, 일정은 전날에 미리 짜 수첩에 적어라. 필자는 자기 전에 침대에 누워서 짠다. 둘째, 무리하게 일정을 잡지 말고 방문 병(의)원 수를 갈 만큼만 정하라. 필자는 보통 열 곳 이상을 기본으로 한다. 셋째, 신규 방문은 따로 일정을 잡아라. 거래 병(의)원은 원장님을 만날 확률이 높지만 거래가 없는 곳은 원장님을 만나기 어려우니 따로 일정을 잡아야 한다. 거래 병(의)원 열 곳 방문에 신규 방문 2~3곳을 추가하라. 넷째, 방문했으면 방문 결과를 기록하라. 어떤 약을 디테일했고 어떤 일이 있었는지 적었다가 피드백을 하라. 다섯째, 뜻밖의 일로 일정을 채우지 못했으면 다음날에 더 움직여라. 영업은 변수가 많아 항상 정해진 일정대로 움직일 수 없다. 여섯째, 쉬는 시간을 가져라. 영업은 장기전이다. 차를 마시거나 생각을 정리할 여유가 필요하다.

무조건 병(의)원을 많이 방문한다고 좋은 것은 아니다. 스무 곳을 방문해도 원장님을 만나지 못하면 의미가 없다. 열 곳을 방문해도 원장님을 만나 디테일해야 한다. 환자가 아주 많은 병(의)원이면 점심시간 직전에 방문하는 것도 좋다.

필자의 하루 일정

오전 8시: 집에서 담당 지역으로 출발.

오전 9시: 담당 지역 도착. 너무 일찍 방문하면 민폐이므로 모닝커피 영업을 하든지, 10시까지 병(의)원을 방문하지 않고 자동차 안에서 하루 계획을 점검.

오전 10시~오후 1시: 내과는 검진 등으로 바쁠 수 있으니 소아청소년과, 이비인후과 위주로 오전 일정 시작. 대략 여섯 곳 방문(실제로 원장님을 만난 곳).

오후 1시: 매일 방문 디테일 후 원장님과 점심 식사.

오후 2시: 30분 동안 양치질 및 휴식.

오후 2시 30분~오후 6시: 내과, 가정의학과, 피부과 위주로 오후 일정 시작. 대략 여섯 곳 방문(실제로 원장님을 만난 곳).

오후 6시: 담당 지역 안에서 골프 연습 및 체력 단련.

오후 7시: 퇴근.

요일별 일정을 정하라.

필자는 약국과는 거래를 안 하고 병(의)원만 다니는데 거래 병(의)원이 약 55곳이다. 숫자로 보면 월요일부터 금요일까지 하루에 열 곳 정도를 다니면 모두 방문할 수 있다. 하지만 실제로는 여러 변수가 있어 한 주에 모든 거래처를 방문하기는 어렵다. 필자의 병(의)원 방문 일정은 다음과 같다.

> 요일별 일정
> 월요일 : ○○내과, ○○이비인후과 등
> 화요일 : ○○산부인과, ○○가정의학과 등
> 수요일 : ○○의원, △△이비인후과, 신규 병(의)원 등
> 목요일 : ○○정형외과, ○○외과, 신규 병(의)원 등
> 금요일 : ○○안과, ○○피부과, 신규 병(의)원 등

이렇게 월요일부터 금요일까지 갈 병(의)원을 정하고 정해진 요일과 시간에 방문한다. 이렇게 습관을 들이면 거래 병(의)원 방문과 동선 이동이 수월하다. 또 항상 일정한 요일과 시간에 병(의)원을 방문하면 원장님이 점점 필자를 기다리게 된다. 모든 거래처를 방문하기 어려우면 고액 거래 병(의)원은 되도록 매주 방문하고 소액 거래 병(의)원은 탄력적으로 한 달에 두 번 정도 방문하며 신규 병(의)원 방문을 늘리는 것도 방법이다. 신입 사원이라면 신규 병(의)원 방문이 중요하다. 요일별 일정에 신규 병(의)원 방문을 많이 넣어라.

생각 없이 눈에 보이는 병(의)원을 방문하는 것보다 이렇게 요일별 일정을 만들어 일 년만 다니면 매출 상승이 보일 것이다. 단, 동선에 유의하며 일정을 짜야 한다.

방문 요일과 방문 시간을 정하는 규칙

병(의)원을 방문할 때는 원장님과 편하게 이야기할 방문 요일과 방문 시간을 정해야 한다. 다음 사항을 고려하자.

먼저 월요일에는 되도록 환자가 붐비지 않는 병(의)원을 방문하라. 월요일은 환자가 몰리는 날이라 원장님이 영업 사원이 오는 것을 꺼린다. 필자도 월요일에는 환자가 붐비지 않는 병(의)원 위주로 방문한다. 평일에 하루를 쉬는 병(의)원이면 쉬는 날 전후는 방문을 피하라. 목요일에 쉬는 병(의)원이면 수요일과 금요일에는 환자가 몰려 바쁘니 차라리 화요일에 방문하라. 또 평일에 오전 진료나 오후 진료만 하는 날이 있으면 그날은 환자가 몰려 바쁘니 다른 날에 방문하라.

원장님이 지정한 요일과 시간이 있으면 반드시 지켜라. 원장님이 이렇게 정해주면 마음 편히 방문할 수 있다. 이른 아침(병(의)원 문 여는 시간)과 늦은 저녁(병(의)원 문 닫는 시간)은 방문을 피하라. 자신이 원장님이라면 출근하자마자 영업 사원을 만나고 싶겠는가? 퇴근하고 싶은데 영업 사원을 만나겠는가? 물론 상황이나 원장님에 따라 이른 아침이나 퇴근 무렵에 만나는 경우도 있다.

진료과별로 바쁜 시간이 있으니 그 시간을 피해 방문하라. 소아청소년과는 주로 아침 10시 전, 아이들이 학교나 유치원에 가기 전에 바쁘다. 또 하교 시간인 4시 이후도 바쁘다. 내과는 환자가 전날 금식하고 오전에 검진과 검사를 하기에 오전이 바쁘다. 이비인후과나 외과는 수술이 많은 시간이 있으니 그때를 피하라.

혼자서 외롭게 일하지 마라.

제약 영업은 나 혼자 영업이다. 혼자 담당 지역을 다니고 혼자 밥을 먹고 혼자 차 안에 있는 일이 많다. 요즘은 현지 출퇴근하는 제약 회사가 많아 팀원 보기가 더 어려워졌다. 이러다 보면 일하기 싫어지고 슬럼프에 빠지고 실적이 곤두박이치기 쉽다.

하지만 외롭지 않게 일할 방법이 있다. 먼저 거래 병(의)원 원장님과 친해져라. 인사나 디테일을 위한 형식적인 방문을 그만두고 5분을 만나더라도 원장님과 편하게 웃으며 진솔하게 이야기하는 사이가 되어라. 동기들과 친해져 자주 통화하고 많은 대화를 나누고 영업 노하우와 좋은 일, 힘든 일을 공유하라. 또 만날 시간이 많지 않겠지만 롤 모델(Role Model) 선배와도 자주 통화하며 안부를 전하라. 또 다른 제약 회사 영업 사원과도 친해져 병(의)원에서 만나면 웃으며 이야기를 나누고 점심 식사나 차를 함께하는 사이가 되어라.

다른 회사 영업 사원과도 친해져라.

필자의 명함첩에는 정말로 많은 다른 제약 회사 영업 사원 명함이 있다. 사원도 있고 팀장도 있고 지점장도 있다. 모두 현장에서 만난 사람이다. 병(의)원 대기실에서 있으면 수많은 영업 사원이 온다. 모두 열심히 일하는 사람이다. 이럴 때 먼저 명함을 건네며 인사하라. 같은 업종에 있기에 이야기도 잘 통하고 쉽게 친해진다. 이러면 정보를 교환하고 함께 병(의)원을 공략하기도 하고 이직할 때 도움을 주고받는다. 혼자서만 일하면 중요한 정보를 놓칠 수 있다.

다른 회사 영업 사원을 적으로만 생각하면 안 된다. 물론 내 거래 병(의)원을 뺏을 사람도 있고 나도 다른 영업 사원 거래 병(의)원을 뺏을 수 있다. 하지만 제약 영업 사원에게도 기본적인 상도의가 있다. 내 정보 노출을 최소화하며 경쟁 회사 정보를 얻는 것까지는 괜찮지만 남에게 피해를 주면 안 된다. 제약 업계는 정말로 좁고 소문도 빠르다. 언젠가 그 화살이 자신에게 돌아온다.

슬럼프를 극복하라.

보통 신입 사원은 처음 1~2년 동안은 열심히 일한다. 이때는 제약 업계 현실에 눈이 뜨기 전이고 신입 사원으로 열정도 넘친다. 하지만 3년 차가 되어 요령을 알고 밑에 후배가 생기면 일도 쉬엄쉬엄하게 된다. 그러다가 슬럼프가 찾아온다. 일하기도 싫고 병(의)원도 친한 곳 위주로 다니고 신규 병(의)원은 잘 가지 않는다. 강한 임팩트 없이 요령으로 그럭저럭 매출을 맞추는 정도이다. 하루에 병(의)원을 다섯 곳만 방문해도 금방 지치고 만사가 귀찮다. 또 이것저것 회사에 불만이 생기고 다른 회사로 이직하고 싶다. 이 슬럼프를 극복하지 못하면 방황하다가 다른 회사로 자리를 옮긴다. 제약 영업 사원이라면 누구나 한 번쯤 슬럼프를 겪는다. 이것을 극복하지 못하면 망하는 길로 가고, 이것을 극복하면 롱런하는 길로 간다.

슬럼프를 극복하려면 계획을 세워야 한다. 날마다 어느 거래 병(의)원과 신규 병(의)원을 방문할지, 어느 제품을 디테일할지, 어떤 이벤트를 할지 가능한 계획을 세워야 한다. 또 혼자만의 시간을 가져 방황하는 자신을 돌아보고 미래 목표에 맞게 자신을 재충전해야 한다.

실적이 줄었으면

열심히 일했고 거래 병(의)원에서 약을 바꾸지도 않았는데 지난달보다 실적이 줄었으면 어떻게 할까? 원장님이 평소처럼 우리 회사 약을 처방했어도 계절적 요인 등으로 환자가 줄면 이런 일이 일어난다. 환자 수의 변화는 영업 사원이 어떻게 할 수 있는 부분이 아니다. 영업 사원이 할 일은 병(의)원에서 처방 통계를 뽑아 지난달 것과 비교하여 원인을 분석하는 것이다. 어느 약이 줄었는지 꼼꼼히 살피고 어느 약을 신규하여 처방을 늘릴지 고민하라. 제약 영업은 항상 상승세를 타는 것이 아니다. 하향세를 타기도 한다. 좌절하지 말고 다시 상승할 방법을 모색하라.

제약 업계 흐름에 적응하라.

제약 업계는 매년 변한다. 그에 따라 제약 영업 방식도 변한다. 필자가 입사했던 2006년과 지금은 제약 업계 상황과 제약 영업 방식이 전혀 다르다. 작년에 했던 영업 스타일과 영업 노하우, 영업 전략이 올해는 전혀 먹히지 않을 수 있다. 이런 변화에 적응하지 않으면 회사에 불평을 쏟아내다가 사표를 쓰고 제약 업계를 떠나게 될 것이다.

주변에서 회사를 욕하는 현역 제약 영업 사원을 쉽게 만난다. 불만도 다양하다. 인센티브 정책이 마음에 안 든다, 다른 회사보다 이것이 부족하다, 이런 상태로 어떻게 영업하나 등. 특히 과거 영업 방식이 몸에 밴 영업 사원은 쌍벌제나 리베이트 투아웃제를 힘들어 한다. 하지만 힘들지 않은 영업 사원도 많다. 제약 업계 흐름에 잘 적응했기 때문이다. 제약 업계의 변화 흐름에 맞춰 영업 스타일과 영업 노하우, 영업 전략을 함께 바꿔야 한다. 앞으로 영업 현장에는 제품 디테일과 감성 영업이 더 중요해지고 제약 회사는 연구 개발을 통한 신약 개발과 우수한 제네릭 제품 개발 등 제품력으로 승부를 걸 것이다.

성공 사례를 공유하라.

필자는 여러 제약 회사 인사팀 교육 담당자에게 영업 사원 교육을 어떻게 했으면 좋겠느냐는 질문을 자주 받는다. 제약 회사에는 영업 경험이 없는 인사 담당자나 마케팅 PM이 교육이나 제품을 담당하는 경우가 적지 않다. 이러면 영업 사원 교육이 이론적이고 형식적이기 쉽다. 또 영업 사원 입장에서는 아쉽다고 느껴지는 교육도 간혹 있다.

제품 교육은 중요하다. 제품을 모르고 어떻게 현장에서 영업을 하겠는가? 하지만 제품 정보를 바탕으로 제약 영업 노하우를 알아내 자기 것으로 만드는 것이 더 중요하다. 한 사람이 모든 제약 영업 노하우를 알 수 없으므로 한 사람의 성공 사례가 다른 사람에게 커다란 영업 노하우가 된다. 신입 사원은 더욱 그렇다. 필자는 워크숍이나 단체 교육, 팀 회의, 지점 회의에서 영업 사원끼리 성공 사례를 발표하고 듣고 분석하며 공유할 것을 권한다. 또 회사는 이런 성공 사례를 책으로 묶어 직원 교육에 활용하라.

9. 필자의 영업 기법 총정리

제약 영업 10년차인 필자의 영업 노하우는 다음과 같다. 대부분 앞에서 거론한 내용이지만 이렇게 한 곳에 모아 읽으면 이해가 쉬울 것이다.

첫째, 한 달에 두 번 이상 거래 병(의)원을 방문한다. 필자는 거래 병(의)원을 자주 방문하지 않는다. 매주 방문은 정말로 쉽지 않다. 하지만 한 달에 두 번이라도 몇 년을 다니면 부족함이 없다.

둘째, 평소에 약 이야기를 자주 하지 않는다. 방문할 때마다 약 이야기를 하면 원장님도 영업 사원도 모두 부담스럽다. 하지만 결정적인 순간에 임팩트 있게 디테일하고 처방을 부탁하면 신규가 훨씬 수월하다. 특히 신제품이 나오면 공격적으로 영업한다. 평소에 약 이야기를 안 하다가 신제품이 나올 때 처방을 부탁하니 원장님이 써주는 것일지도 모른다.

셋째 일정을 무리하게 잡지 않는다. 하루 열 곳 방문을 목표로 한다. 너무 많이 다니면 지친다. 제약 영업이 장기전 체력 싸움이라 효율적이고 알차게 다녀야 한다.

넷째, 다른 제약 회사 영업 사원과 친하게 지낸다. 내 정보를 흘리지 않고 남의 정보를 얻는 것이 원칙이지만 인간적으로 친한 친구도 있다.

다섯째, 방문 디테일 후 원장님과 함께 점심 식사를 한다. 필자는 술을 못해 저녁 술자리 대신 점심 식사를 자주 한다. 한 시간의 점심 식사는 친분을 쌓는 최고의 방법이다. 필자는 원장님과 안면이 트이면 점심 식사를 권한다. 한편 술을 못해도 걱정할 필요 없다. 분위기를 맞추며 원장님과 즐겁게 이야기를 나누면 된다.

여섯째, 경쟁이 치열한 품목보다 남들이 신경쓰지 않는 품목으로 신규한다. 티끌 모아 태산으로 이런 품목이 모여 큰 매출이 된다. 다른 제약 회사가 정책을 동원하여 기를 쓰고 덤비는 제품은 빼앗기가 쉽지 않다.

일곱째, 판촉물을 활용한다. 요즘은 판촉물이 보물이다. 마케팅 부서에서 나름대로 질 좋은 판촉물을 제공하니 방치하지 말고 활용하라. 대수롭지 않게 생각한 판촉물이라도 원장님이 좋아하는 경우가 많다.

여덟째, 문전 약국에서 정보를 얻는다. 병(의)원의 처방 패턴을 잘 아는 사람은 문전 약국 약사님이다. 거래가 없어도 가끔 들려 약사님에게 이런저런 정보를 얻는다. 약사님과 친하지 않으면 문전 약국 앞에 버려진 약통이라도 유심히 본다. 통이 많이 버려진 약이 병(의)원에서 많이 쓰는 것이다.

아홉째, 원장님이 거래 없이 그냥 처방하는 약을 알아낸다. 문전 약국에 묻거나 원장님과 친분이 있으면 직접 물어본다. 외국계 제약 회사 제품 가운데 국내 제약 회사가 복제 약을 많이 만들지 않은 제품을 주목하라.

신규 병(의)원 공략 방법

처음 방문하여 원장님을 만날 수 있는 병(의)원을 공략 대상으로 정하고 매주 정기적으로 방문한다. 필자는 병(의)원을 빈손으로 가지 않는데 첫째 주에는 스타벅스 커피, 둘째 주에는 판촉물, 셋째 주에는 로또 한 장, 넷째 주에는 오렌지주스 식으로 1~2천 원대로 비싸지 않으며 원장님이 좋아할 것을 가지고 간다. 이렇게 매주 무엇을 가져오는 영업 사원은 흔치 않다. 어느 순간부터 원장님이 필자를 기다리게 된다. 모두 방문 디테일 후 제공된다.

첫째 주에는 명함과 제품 리스트를 전달하고 제품 이야기를 하지 않다가 3주차 정도에 미소를 지으며 원잠님에게 제품 브로슈어를 전달하고 "원장님, 제가 원장님을 뵙고 처음으로 제품 디테일 한번 해보겠습니다."라고 말한다. 평소에 제품 이야기를 안 하던 사람이 디테일하겠다고 하면 원장님도 관심을 가진다. 뛰어난 제품이면 제품으로 밀 수 있지만 평범하고 흔한 제품이면 매주 타이밍을 기다려야 한다. 제품 디테일을 최대한 아껴라.

첫 디테일을 한 다음에는 커피나 음료, 판촉물을 들고 병(의)원을 다니며 친분을 쌓고 둘째 달 첫 주에 원장님이 부담 없이 쓸 제품을 골라 다시 제품 이야기를 한다. "원장님, 이 제품 하나만 처방해 주시면 안 될까요? 예전에 디테일한 적이 있는데…… 원장님 뵙는 것도 너무나 감사한 일이지만 이 제품을 처방해 주시면 더욱 감사하겠습니다." 이런 식으로 원장님 마음을 흔들 감성적인 말을 한다. 지난 한 달 동안 열심히 노력했으면 제품 한 개 정도는 신규가 된다. 솔직히 원장님이 제품

한 개 써주는 것은 일도 아니다. 수많은 영업 사원이 찾아와 약을 써달라니 귀찮고 마땅히 쓸 까닭도 없기에 처방을 안 하는 것이다.

한 제품이라도 신규가 이루어지면 지금부터는 장기전이다. 신규 제품의 처방이 많이 나오게 노력하며 처방 품목을 하나둘 늘린다. 또 신규를 했다고 안심하면 안 된다. 신규가 되어도 처방이 안 나오는 때도 잦다. 영업 사원이 신경을 쓰지 않으면 원장님도 잊기 쉽다. 처방이 계속되도록 계속 피드백하며 원장님의 기억에 남겨야 한다.

강약을 조절하라.

제약 영업을 잘하려면 기본적으로 부지런함이 깔려 있어야 한다. 그 바탕 위에 영업 기술을 펼쳐야 하는데 분위기와 상황을 보며 강약을 조절해야 한다. 감기가 유행하고 병(의)원에 환자가 많은 성수기에는 우리 회사 약을 써달라고 말하는 등 공격적으로 영업해야 한다. 자주 방문하여 디테일하고 감성 영업을 잘 해야 원장님이 우리 회사 약을 많이 처방한다. 반대로 환자가 없는 비수기에는 약하게 영업해야 한다. 환자도 없는데 영업 사원이 매번 약 이야기를 하면 원장님이 기분이 좋지 않을 수 있다. 이럴 때는 디테일하지 말고 그냥 편하게 이야기하라.

고객을 알고 공략하라.

생각 없이 병(의)원을 방문하는 영업 사원이 많은데 그러면 안 된다. 방문하려는 병(의)원과 원장님에 관한 정보를 입수하여 전략을 세운 다음에 가야 하는데 다음 사항을 파악하라.

(1)환자 대기실에 걸린 의사면허증을 보고 원장님 이름을 외워라. (2)환자 대기실에 걸린 경력 판을 보고 출신 학교를 파악하라. (3)간호사나 문전 약국에 물어 환자 수와 환자 연령대를 파악하라. (4)다른 제약 회사 영업 사원에게 물어 원장님이 어떤 스타일인지 파악하라. 차분하고 조용한지, 의리파인지, 술은 좋아하는지, 취미가 무엇인지 등. 또 친한 원장님이 누구이고 활동하는 의사 모임이 있는지 파악하라. (5)감성 영업에 필요하니 원장님 생일을 알아라. (6)문전 약국에 물어 원장님 처방 패턴을 파악하라. 정제를 좋아하는지, 시럽을 좋아하는지. 항생제를 많이 쓰는지, 고혈압 환자를 주로 보는지 등. (7)직접 원장님에게 진료와 처방을 받으면 원장님의 처방 양식을 알 수 있다. (8)거래가 큰 제약 회사를 파악하라. 적을 알아야 약을 뺏을 수 있다.

신제품은 한 달 안에 승부를 걸어라.

제약 회사는 꾸준히 신제품을 만든다. 특히 블록버스터 오리지널 제품의 특허가 풀려 수많은 제약 회사에서 동시다발로 복제 약이 나오면 제약 영업 사원은 복제 약 신규를 위하여 전쟁을 벌인다. 보통 신제품이 출시되기 2~3개월 전부터 작업을 시작한다. 병(의)원에 가 샘플 등을 활용하여 디테일하고 구두로 처방 약속을 받는다. 아마 원장님 책상 서랍에 샘플이 가득할 것이다.

　아무리 원장님에게 구두 약속을 받았더라도 안심하면 안 된다. 원장님 마음이 언제 바뀔지 모른다. 진정한 승부는 신제품이 출시되고 한 달 안에 결정된다. 이 한 달 동안에 원장 마음을 사로잡는 영업 사원이 승자이다. 따라서 신제품이 출시되면 한 달 동안 다른 제품을 제쳐두고 오직 신제품만 디테일해야 한다. 한 달이 지나면 승패가 결정되었기에 이 신제품으로 새로 영업하기가 쉽지 않다.

신입 사원이라면

1. 신입 사원 기본 매뉴얼

연수원에서 할 일

　연수원 생활은 회사 생활의 시작이다. 아마 직장 생활 동안 가장 마음 편한 시간일 것이다. 그렇다고 무작정 놀지만 말고 다음 사항에 유의하여 영업 현장에 투입될 날을 준비하라.
　첫째, 제품 공부를 열심히 하라. 영업 현장에 나오면 바쁘고 피곤하여 공부할 시간을 내기가 쉽지 않다. 둘째, 디테일 연습을 많이 하라. 실전 디테일은 정석대로만 하지 않지만 반드시 정석을 알아야 한다. 셋째, 동기와 친하게 지내라. 동기는 평생의 동반자이다. 어려울 때 전화 통화만으로도 힘을 준다. 넷째, 규칙적으로 생활하라. 대학 시절의 생활을 버리고 정시에 일어나 규칙적으로 생활하라. 그래야 영업 현장에서 게을러지지 않는다. 다섯째, 모든 프로그램에 적극 참여하라. 이제는 조직의 한 사람으로 조직에서 하는 프로그램에 적극 참여하고 즐겨야 한다. 여섯째, 기본예절을 몸에 익혀라. 영업 현장에는 예절이 중요하다. 연수원 시절부터 선배와 상사에게 인사 잘하는 습관을 들여라. 일곱째, 리더십 있게 행동하라. 발표와 질문을 적극적으로 하고 조장, 반장 같은 역할을 맡아 리더십을 보여라. 리더십은 직장 생활에서 중요하다. 여덟째, 애사심을 가져라. 회사를 알고 애사심을 가지면 영업 현장에서 자부심을 갖고 일할 수 있다.

필드 트레이닝과 롤 모델

필자는 2006년에 필드 트레이닝을 받았다. 필드 트레이닝 첫날 두근거리는 마음으로 선배 차를 타고 출발했는데 선배가 가까운 지하철역에 차를 세우더니 "첫날이니 집에 가서 쉬어라."라고 하였다. 둘째 날도 선배가 지하철역에 내려주더니 집에 가서 쉬라고 하였다. 집에 갔더니 어머니가 회사를 그만두었냐고 물었다. 셋째 날에는 선배가 PC방에 데려가 종일 인터넷 게임을 하였다. 넷째 날에는 선배가 병(의)원에 데려갔지만 병(의)원에는 들어가지 못하고 종일 자동차 안에서 기다렸다. 마지막인 다섯 째 날에는 선배가 "난 금요일에는 일 안 해."라며 퇴근하라고 하였다. 그래서인지 이 선배는 몇 달 뒤에 회사를 그만두었다. 당시는 영업 시스템이 체계적이지 않아 이런 필드 트레이닝이 있었지만 지금은 분위기와 환경이 바뀌어 이런 필드 트레이닝은 없다. 필드 트레이닝을 통해 선배의 영업 활동을 보고 배워라. 처음에 조금만 고생하면 나중에 영업 활동이 편해진다.

　어느 회사든 회사에서 인정하는 제약 영업 사원이 있다. 일 잘하고 모범적인 영업 사원. 이런 사람을 롤 모델로 삼아라. 우리는 이런 제약 영업 사원을 Top Performer MR이라고 부른다. 이 사람의 행동을 보고 배워 자기 것으로 만들어라. 스케줄 관리, 디테일 능력, 거래처 관리, 꾸준함, 성실함 등 다른 영업 사원과 다른 면이 있을 것이다. 또 회사를 사랑하고 최고가 되겠다는 목표가 있을 것이다. 이런 사람을 롤 모델로 삼아 닮으려고 노력하면 몇 년 후에는 자신이 누군가의 롤 모델이 될 것이다.

로컬 영업과 종병 영업, 어떤 것이 좋은가?

　로컬 영업과 종병 영업은 영업 방법이 전혀 다르므로 어느 것이 좋다고 말할 수는 없다. 국내 제약 회사는 로컬 영업 쪽 비중이 크고 외국계 제약 회사는 종병 영업 쪽 비중이 크다. 하지만 신입 사원이 하나를 선택해야 한다면 종병 영업을 추천한다. 종병 영업을 하다 로컬 영업으로 옮기기는 쉽지만, 로컬 영업을 하다가 종병 영업으로 옮기기는 쉽지 않다. 외국계 제약 회사는 종병 영업이 주(主)라서 국내 제약 회사에서 종병 영업으로 시작하면 외국계 회사로 옮기는 경우도 많다.

　꿈이 필자처럼 첫 직장에서 정년퇴직하는 것이면 로컬 영업으로 능력을 인정받아 남보다 빠르게 승진하고 높은 연봉을 받는 것이 낫고, 외국계 제약 회사에 다니는 것이 꿈이면 국내 제약 회사 종병 영업으로 경력을 쌓은 다음에 외국계 제약 회사로 이직하는 것이 낫다.

죽음의 지역

신입 사원이 연수를 마치면 담당 지역을 배정받는다. 신입 사원이 원하는 지망 순서에 따라 배정하는 회사도 있고, 집에 가까운 지역을 배정하는 회사도 있고, 영업팀에서 요청한 티오(TO)에 따라 무작위로 배정하는 회사도 있다.

어쨌든 담당 지역은 정해진다. 누구는 천국의 지역을 받고 누구는 죽음의 지역을 받는다. 신입 사원은 지역과 상관없이 자신감과 의욕, 열정에 불타지만, 이때 제약 영업 출발점의 운명이 결정된다. 천국의 지역에서 일하면 매출이 잘 나오고 웃음꽃이 피지만 죽음의 지역에서 일하면 시작부터 어렵다. 이미 갈 지역이 정해졌으면 어쩔 수 없지만 몇 개 지역 가운데 하나를 선택할 기회가 있으면 그곳의 매출 등을 알아본 다음에 정하라.

죽음의 지역이란 매출이 없거나 몇 백만 원가량이고 인수인계 받을 거래처가 거의 없다. 그 지역에 해당 회사의 존재감이 없는 황무지이다. 인수인계 받은 거래처가 없으니 맨땅에 헤딩 식으로 병(의)원 신규만 해야 한다. 따라서 짧은 시간에 매출을 끌어올리기 어렵고 시간이 지날수록 지치며 실적이 적다고 회사에서 질책을 받는다. 3~4년 고생하다가 매출을 일으키면 회사에서 스타가 되지만 시간이 지나도 매출이 그대로이면 지치다 못해 회사를 떠나게 된다.

반대로 지점장이나 팀장에게 인수인계 받는 등 천국의 지역을 맡은 신입 사원은 행운아이다. 담당 지역을 업그레이드하여 매출을 올리면 회사의 에이스로 부각한다. 하지만 좋은 지역을 받아 매출이 줄면 담당자의 능력이 평가 저하되고 회사 안 입지도 줄어든다. 한편 죽음과 천국의 지역은 고정된 것이 아니다. 언제든지 바뀔 수 있으니 신입 사원은 불평하기보다 영업력을 키워라.

신입 사원 인수인계 시 주의 사항

학교를 졸업하고 사회에 나오는 순간부터 모든 의사결정은 자기 책임이다. 이제는 아무도 학생 시절처럼 꼼꼼히 알려주지 않는다. 어떤 계약이든 사인할 일이 있으면 꼼꼼히 확인하는 습관을 가져야 한다. 또 혼자 해결하기 어려우면 선배나 팀장에게 도움을 청하라.

첫째, 차액이 있는지 확인해야 한다. 약국 직거래나 원내 거래가 없으면 차액이 없겠지만, 약국 직거래나 원내 거래, OTC 영업을 할 때 인수인계를 받으면 약사님 장부와 거래장 장부 등을 대조하여 차액이 있는지 확인하라. 대충 확인하고 인수인계서에 사인했다가는 나중에 차액이 자기 빚이 된다.

둘째, 지난해 매출과 올해 매출을 비교하라. 약가 인하로 매출이 줄어든 것은 어쩔 수 없지만 지난해 매출과 올해 매출이 차이가 크면 전 담당자가 일을 안 하고 망쳐놓았든지 거래처에 문제가 있다.

셋째, 인수인계를 하며 병(의)원을 돌 때 선배가 "나중에 혼자 들어가 봐."라고 말하면 조심하라. 보통은 전 담당자와 새로운 담당자가 함께 원장님에게 인사한다. 이런 경우는 전 담당자가 원장님과 문제가 있거나 거래 병(의)원에 문제가 있을 확률이 높다. 선배에게 제대로 인수인계 해달라고 요구하라. 나중에 혼자 갔다가 봉변을 당할 수 있다.

넷째, 인수인계 후에 거래 병(의)원이 몇 개이고 처방 금액이 얼마인지 계산한 다음에 전략을 세워라. 영업은 숫자이다. 생각 없이 다니지 말고 몇 개 병(의)원을 신규하고 매출을 얼마나 올릴지 목표를 세우고 일하라.

신입 사원이란 것을 숨기지 마라.

예전에 필자는 "제약 영업을 시작한 지 삼 개월째인데 원장님 앞에서 신입 사원 티를 안 내려는데 잘 안 됩니다."라는 고민을 털어놓는 신입 사원을 만난 적이 있다. 필자가 왜 신입 사원인데 경력 사원처럼 보이고 싶으냐고 물으니 "원장님이 신입 사원을 믿지 않으니 약이 잘될 것 같아 일부러 몇 년 일한 경력 사원이라고 합니다."라고 대답하였다. 필자는 그 신입 사원이 귀여웠다.

필자 생각으로는 신입 사원이면 신입 사원답게 패기와 열정을 보여주는 것이 정답이다. 원장님은 수많은 제약 회사 영업 사원을 만나고 수많은 환자를 상대하므로 영업 사원 머리 꼭대기 위에 있다. 신입 사원이 몇 년 일했다고 말해도 금방 알아본다. 행동이나 말솜씨, 디테일 요령 등을 보면 티가 난다. 신입 사원이라고 당당하게 말하라. 어설프게 속이다가는 낭패를 볼 수 있다. "원장님, 이번 공채로 입사한 신입 사원 ○○○입니다. 부족하지만 최선을 다하는 담당자가 되겠습니다."라고 말하라. 신입 사원의 열정과 패기에 부지런함을 갖춘다면 원장님이 더 좋아할 것이다.

신입 사원 기본 매뉴얼

제약 영업에 정답은 없다. 현장에서 시행착오를 겪으며 자신만의 영업 노하우와 영업 매뉴얼을 만들어 실천하는 것이다. 하지만 다음과 같은 기본 매뉴얼은 있다.

첫째, 제품 지식은 필수이다. 디테일 능력이 부족하면 원장님에게 신뢰를 얻지 못한다. 틈틈이 자기 회사 제품 이름과 성분, 효능 및 효과, 특징 및 장점, 약가 같은 사항을 외워야 하고 경쟁 제품도 잘 알아야 한다. 둘째, 첫인상이 중요하다. 복장을 깔끔하게 하고 향수도 살짝 뿌려라. 또 원장님과 대화가 되게 기본 상식을 갖추고 정치, 사회, 연예 등 세상 돌아가는 소식에 관심을 기울여라. 셋째, 골프를 배우면 영업에 큰 도움이 될 것이다. 접대가 아니라 원장님과 취미를 공유하는 것을 목적으로 하라. 넷째, 가급적 자동차를 장만하라. 버스나 지하철을 타며 발로 뛰는 영업 사원도 많지만, 차가 없으면 기동력이 떨어지고 체력적으로 지친다. 춥고, 덥고, 비나 눈이 오면 자동차가 안식처가 된다. 다섯째, 문전박대를 당해도 꾸준히 병(의)원을 방문하라. 하루에 열 곳 방문 계획을 세우고 어떤 제품을 디테일했고 원장님이 뭐라고 했는지 등 방문 결과를 수첩에 적어라. 방문 횟수보다 한 곳이라도 효과적으로 방문하는 것이 중요하다. 여섯째, 회사에서 나오는 판촉물을 적극 활용하라. 작은 판촉물 하나가 원장님 기분을 좋게 하고 제품을 신규할 기회를 가져온다.

나만의 영업 현장 일기를 써라.

몇몇 제약 회사는 신입 사원에게 영업 현장에서 있었던 일을 일지 형태로 작성하라고 한다. 신입 사원이 어떤 업무를 하였고, 어떻게 디테일하였고, 어떻게 병(의)원에 접근했는지 알려는 뜻이다. 회사가 시키기 전에 스스로 현장 일기를 써라. 필자도 블로그에 '한별이의 필드 일기장'이란 것을 쓴다. 어떤 업무를 했고, 어떤 병(의)원에서 어떤 제품을 디테일하여 신규했는지 등 영업 현장에서 겪었던 일을 일기 형태로 적어두면 도움이 된다. 반성의 계기도 되고 다음에 병(의)원을 방문할 때 일기를 보고 전략을 세울 수도 있고 영업 노하우를 만들 수도 있다.

병(의)원 대기실 행동 요령

영업 사원이 병(의)원에 가자마자 원장님을 만나지는 못한다. 대부분 병(의)원 대기실에서 기다린다. 이때 행동을 주의하며 시간을 낭비하지 마라.

(1)전화 통화는 밖에서 하라. 좁은 대기실에서 큰소리로 통화하는 사람이 있는데 예의에 어긋난 행동이다. (2)아무리 지루해도 잡지를 보거나 오락하지 마라. 보기에도 나쁘고 자기 개발에도 도움이 안 된다. 그럴 시간이 있으면 제품 공부를 하라. 필자도 병(의)원 대기실에서 가장 많이 공부하였다. (3)바른 자세로 앉아라. 다리를 꼬거나 비스듬히 기대고 있는 사람이 있는데 예의에 어긋난 행동이다. 원장님이 CCTV로 보는 병(의)원도 많다. (4)넥타이와 옷맵시를 정리하고 헤어스타일도 만지는 등 복장 정리를 하라. (5)원장님 면담 시 할 이야기를 정리하고 디테일할 것을 공부하라. 준비 없이 원장님을 만나면 당황하고 더듬게 된다. (6)환자가 많으면 양보하라. 환자가 많아 앉을 자리가 없는데 대기실 의자에 계속 앉아 있으면 안 된다. 병(의)원은 영업 사원보다 환자가 우선이다. 이럴 때는 대기실 밖에서 기다려라. (7)환자가 많으면 한없이 기다리지 말고 다른 병(의)원을 들렸다가 다시 방문하거나, 간호사를 통해 원장님에게 메모를 전달하고 다음에 방문하라. 시간을 효율적으로 써라. (8)접수를 보는 간호사에게 자주 오는 제약 회사나 원장님 성향, 환자 분포 등 병(의)원에 관한 정보를 물어라. (9)담배를 피우면 진료실에 들어가기 전에 가글하거나 향수를 뿌려 냄새를 없애라.

신입 사원 인사는 자신을 알리는 방법

신입 사원에게 인사는 자신을 알리는 좋은 방법이다. 보통 오래된 제약 영업 사원은 원장님을 만나 이렇게 인사한다. "원장님, 안녕하세요!", "원장님, 저 왔습니다!", "원장님, 별일 없으시죠?" 하지만 이렇게 친밀도가 높은 인사는 가볍게 보일 수 있다. 따라서 신입 사원은 이렇게 여유 있게 인사하면 안 된다. "원장님, 안녕하십니까! 코오롱제약 신입 사원 ○○○입니다." 이렇게 회사와 자신의 이름을 정확히 말하며 인사하라. 신입 사원이라 원장님이 어느 제약 회사 소속인지, 이름이 무엇인지 기억하지 못할 때가 있으니 방문할 때마다 회사와 자신의 이름을 언급하라. 이를 위해 명찰을 달고 다니는 영업 사원도 있다.

원장님과 면담을 마치고 마지막 인사를 할 때도 "원장님, 귀한 시간 내주어 감사합니다. 오늘도 행복한 하루를 보내세요."처럼 기분 좋은 말과 정중한 인사로 마무리하라. 바른 자세와 정중한 인사는 처음부터 끝까지 이미지를 좋게 만드는 영업의 기본이다.

원장님 기억에 남겨라.

로컬 영업을 할 때 필자는 한 달에 한두 번 방문하는 원장님에게 가끔 이런 말을 들었다. "손 과장, 뭘 이리 자주 와?" 필자가 한 달에 한두 번 방문했는데도 원장님이 자주 왔다고 생각한 것은 기억에 남도록 행동했기 때문이다. 기억이 남을 좋은 판촉물을 가져갔던지, 간식거리를 가져갔던지, 점심을 함께했던지, 밖에서 개인적으로 만났던지, 진료실에서 오래 이야기를 나누었던지 등. 한 번을 방문하더라도 기억에 남도록 일해야 한다.

골프나 스키 같은 운동을 잘하거나 컴퓨터를 잘 다루는 등 특기가 있으면 커다란 도움이 된다. 이럴 때는 이렇게 말하라. "원장님 신입사원 ○○○입니다. 컴퓨터가 문제가 생기면 언제든지 불러 주십시오."

스스로 결정하라.

제약 영업을 하다 보면 스스로 판단하고 결정해야 할 때가 있다. 하지만 신입 사원 때는 고객의 요청이나 영업 현장에서 일어나는 변수를 혼자 판단하고 결정하기가 어렵다. 대부분 팀장이나 지점장에게 보고하고 조언을 듣는다.

필자는 후배들에게 혼자 결정하도록 연습하며 담당 지역의 병(의)원과 원장님을 주도적으로 이끌라고 말한다. 전략을 세우고, 전략에 맞는 예산을 CP 규정에 맞게 짜며 영업을 이끌어야 한다. 또 결정에 따른 책임과 보상도 본인의 몫이다. 이런 훈련이 되지 않으면 경력이 늘어도 혼자 결정하지 못하는 영업 사원이 된다.

2. 병(의)원 신규 6주 완성

신입 사원이 연수원을 나와 담당 지역이 정해지면 인수인계를 받는다. 맨땅에 헤딩 식으로 거래 병(의)원을 한 개도 못 받는 사람도 있고 열 개 안팎을 받는 사람도 있다. 몇 개를 받았든 그것을 출발점으로 보통 오십 개 정도의 거래 병(의)원을 스스로 개척해야 한다. 오십 개 정도를 만들려면 3~4년 동안 아주 열심히 일해야 한다. 거래 병(의)원 수가 오십 개 정도 되면 관리만 해도 실적이 유지될 정도로 여유가 생긴다.

병(의)원 신규 6주 완성

신입 사원이 제약 현장에 투입되어 어려움을 겪는 것은 당연하다. 제대로 된 거래처도 없고 신규하러 병(의)원을 수십 곳 방문하지만 절반 이상에서 문전박대를 당한다. 신규 방법을 모르니 병(의)원 신규를 못하는 것은 당연하다. 제약 영업에 정답이 없지만 다음은 필자가 신입 사원 때 썼던 병(의)원 신규 노하우이니 참고하라.

첫째 주에는 목표 병(의)원을 정하여 원장님을 찾아가 신입 사원 ○○○이라고 인사하며 제품 리스트를 전달한다. 원장님을 만났으면 절반은 성공한 것이다. 또 신입 사원이라고 당당히 밝혀라. 신입 사원의 풋풋함과 패기를 좋아하는 원장님이 많다. 제품 리스트를 전달할 때는 반드시 오리지널 품목은 별표, 주력 품목은 동그라미로 표시하라.

둘째 주부터는 원장님과 가까워지려고 노력하라. 두 번째 방문부터는 빈손으로 가지 말아야 하는데 판촉물이나, 빵이나 커피, 오렌지주스 같은 간식거리, 천 원짜리 로또처럼 방문 디테일 후 전하며 웃음 짓게 할 것을 준비하라. 카드에 포부 등을 적어 전달해도 좋다. 또 지난주에 전달한 제품 리스트에 표시한 품목 하나를 선정하여 브로슈어를 전달하고 짧게 디테일하라. 원장님이 기분 좋을 때 하면 효과적이다.

셋째 주에는 샘플을 전달하며 지난주에 디테일했던 제품을 상기시켜라. 또 제품의 특징과 장점을 말하며 케이스가 되면 처방을 부탁한다고 정중히 말하고 애절한 눈빛을 날려라. 영업은 너무 당당해도 안 된다. 부탁하는 저자세도 필요하다. 약 이야기만 하지 말고 일상 이야기도 나누어라. 한편 한 품목을 고수해야 한다. 매주 다른 품목을 말하면 원장님이 기억하지 못한다.

넷째 주에는 약 이야기를 하지 말고 알아도 모르는 척, 궁금한 척, 배우는 척하며 원장님과 유쾌한 대화를 나누어라. 4주 연속 약 이야기를 하면 거부감이 생길 수 있다. 질문도 좋다. 예를 들어 원장님에게 "취미가 무엇이세요?"라고 묻고 원장님이 등산이라 하면 "저도 등산 좋아해요."라고 맞장구쳐라. 원장님이 골프라 하면 "저도 골프 배우려는데 나중에 조언해 주세요."라고 맞장구쳐라. 원장님이 마라톤이라 하면 "우와! 멋져요. 어쩐지 원장님 하체가 튼튼하더군요."라고 맞장구쳐라. 질문만 하고 맞장구가 없으면 분위기가 썰렁해진다.

다섯째 주에는 디테일했던 제품을 다시 언급하며 원장님에게 제품 처방을 강하게 호소하라. "이 제품은 저에게 너무나 중요한 제품입니다. 조금이라도 케이스가 되면 꼭 써주세요."라고 간절함이 느껴지게 부탁하라. 디테일했던 제품이 처방할 케이스가 적거나 처방이 어렵다고 원장님이 말하면 제품 리스트를 다시 전달하라. 5주차에는 한두 품목 정도 신규가 있어야 한다.

여섯째 주에는 방문 디테일한 다음에 점심 식사를 제안하라. 저녁 식사는 비용이 많이 나오니 점심이 좋다. 원장님이 함께 점심을 먹자고

하면 병(의)원 신규가 90% 가능하다. 원장님은 아무하고나 밥을 먹지 않는다. 어떻게 좋아하지 않고 친하지 않는 사람과 한 시간 동안 점심 식사를 하겠는가? 혹시 원장님이 거절하여도 실망하지 말고 꾸준히 병(의)원을 방문하며 제품 디테일과 친분 쌓기를 병행하라.

3. 신입 사원 영업 왕 되기

신입 사원이 회사에서 이름을 알리고 몸값을 높일 기회는 일등을 하는 것이다. 하지만 신입 사원이 매출 일등으로 영업 왕이 되는 것은 현실적으로 어렵다. 아무리 좋은 지역을 인수인계 받아도 일 년 안에 이렇게 되기는 쉽지 않다. 하지만 매출이 아닌 다른 분야에서 일등 하면 된다. 한 분야라도 능력을 발휘하면 좋은 평가를 받는다.

(1)신규 일등은 신입 사원이 가장 노릴 만한 타이틀이다. 이러려면 신규 병(의)원을 아주 많이 다녀야 한다. (2)성장률 일등도 신입 사원이 달성하기 쉬운 타이틀이다. 절대 매출액이 적어도 전임자 실적보다 많으면 등수가 오른다. 천만 원 매출 지역을 받아 천오백만 원 매출을 만들면 50% 성장이다. 오히려 고액 매출자일수록 달성하기 어렵다. (3)신제품 일등도 신입 사원이 도전할 만하다. 신제품은 열심히 뛰어다니고 열심히 디테일한 사람만 많이 팔 수 있다. 출시 한 달 전부터 전략을 세워 끊임없이 공략해야 한다. (4)주력 제품 판매에 집중하면 주력 제품 일등을 할 수 있다. 제약 회사는 주력 제품 일등을 아주 좋아한다. (5)품목 신규 일등은 거래 병(의)원이 많은 사람에게 유리하

다. 품목 신규가 많으면 자연스럽게 매출도 늘어난다. (6)거래처 수 일등을 하려면 담당 지역을 휩쓸고 다니며 천 원짜리 처방 병(의)원이라도 등록해야 한다. 거래처 수가 많으면 티끌 모아 태산 식으로 작은 매출이 모여 쌓인다. 또 회사에 부지런함을 알릴 기회이다. 신입 사원은 선배보다 체력이 좋고 부지런하니 도전할 만하다. (7)제품 시험 일등은 분기별 또는 반기별로 있는 워크숍이나 교육의 제품 시험에서 일등하는 것이다. 이것도 자신의 가치를 높일 기회이다. (8)제품 디테일 일등도 있다. PM보다 잘하도록 연습하라. (9)회사가 약국 거래를 하면 OTC 판매 일등, 직거래율 일등, 회전율 일등 등이 있다.

신입 사원 실적 관리 및 분석

보통 신입 사원은 아무 전략 없이 시간을 보내고 허둥지둥하는 경우가 많은데, 제약 영업 사원으로 성공하려면 실적을 관리해야 한다.

첫째, 일할 때는 목표를 정확히 알아야 한다. 연간 목표나 분기 목표, 월간 목표를 숙지하고 주력 제품 목표나 신제품 목표가 있으면 수첩에 적어두고 수시로 진행 상황을 점검하라. 또 비교하여 분석하는 습관을 가져야 한다. 지난해 연간 실적과 월간 실적을 프린트하여 가지고 다니다가 병(의)원에서 처방 통계를 받으면 지난해 실적이나 지난달 실적과 비교하여 거래 병(의)원마다 어떤 품목 매출이 줄었고 늘었는지 반드시 점검하라. 줄어든 품목은 원인을 분석하거나 원장님에게 까닭을 묻고 늘어난 품목은 처방을 더 늘려라.

둘째, 영업의 묘미는 인센티브이다. 인센티브 정책이 걸린 품목은 반드시 진행 상황을 점검하라. 보통 제약 회사는 매출뿐만 아니라 여러 항목에서 영업 사원 순위를 매긴다. 이런 항목을 잘 파악하여 상위 순위에 들게 노력하라. 매출만 중요한 것이 아니다. 신규 거래처 수나 신규 금액, 신제품 거래처 수, 신제품 신규 금액 등 자신이 병(의)원을 열심히 개척한다는 것을 증명할 지표를 관리하라.

4. 진료과 공략법

내과 공략법

로컬 영업에서 내과는 작은 종합병원이라 할 만큼 다양한 환자가 방문하고 약 처방의 수와 종류가 많다. 영업 사원 입장에서 내과는 약제비가 다른 진료과와 비교할 수 없을 정도로 높고 고가 약도 많아 규모가 큰 영업을 할 수 있다. 따라서 유한양행, 한미약품, 대웅제약, 동아ST, 제일약품, 종근당 등 주요 메이저 제약 회사와 중견 제약 회사가 내과를 집중 공략한다.

소아청소년과나 이비인후과에는 항생제를 잡은 영업 사원이 승리자이지만, 내과에는 혈압약, 당뇨약, 고지혈증 약 같은 만성 질환 치료제를 잡아야 승리자가 된다. 이런 만성 질환 치료제는 고가이며 처방이 주로 한 달씩 나가고 한 번 신규하면 계절과 상관없이 처방이 꾸준하므로 경쟁이 치열하다. 특히 오리지널 제품의 특허가 풀려 제네릭 제품이 출시되면 모든 제약 회사가 벌떼처럼 모여들어 영업을 한다.

만성 질환과는 달리 감기 치료에 필요한 약은 계절적인 변동이 아주 크다. 감기 환자가 많은 봄, 가을 환절기에는 수요가 많고 감기 환자가 없는 여름에는 수요가 적다. 이 밖에도 천식 치료제, 호흡기 질환 치료제, 피부 질환 치료제, 소화기 질환 치료제 등 다양한 약이 내과에서 처방된다.

만성 질환 치료제는 환자 생명과 직결되기에 원장님이 아무 제약 회사 약이나 쓰지 않는다. 인지도가 높고 제품이 좋고 안전한 약을 쓰려 한다. 자기 회사에 만성 질환 치료제가 있어도 회사의 영업력이 부족하여 신규할 자신이 없으면 차라리 경쟁이 덜한 호흡기 질환 치료제를 공략하라. 내과에는 호흡기 내과, 알레르기 내과 등 전문 진료 과목이 있으므로 자기 회사에 좋은 호흡기 약물이 있으면 이쪽으로 초점을 맞춰라.

소아청소년과 공략법

소아청소년과는 소아들이 정기적으로 예방 접종을 하므로 백신 수요가 상당하다. 처방약으로 항생제, 진해제, 거담제, 비충혈제거제, 해열제, 항히스타민제, 기관지 확장제, 아토피 치료제 등이 있다. 소아가 성인보다 면역력이 약하므로 아이가 어릴수록 미열이나 감기 기운만 있어도 부모가 아이를 병(의)원에 데려간다. 따라서 호흡기 질환 제품 처방이 많다. 또 소아청소년과는 아이들이 먹기 쉽게 알약보다 시럽제를 자주 처방한다. 자기 회사에 진해제와 거담제, 콧물 약, 해열제, 시럽제 등이 있으면 이쪽에 초점을 맞춰 공략하라. 시럽제는 워낙 가격이 낮아 어느 정도 영업력이 있으면 쉽게 처방을 바꿀 수 있다. 예를 들어 코오롱제약의 코미시럽은 오리지널 제품으로 코감기 치료에 효과적이다. 효과와 맛이 뛰어나 소아청소년과에서 자주 처방된다.

다음에는 항생제를 공략하라. 주로 페리실린이나 세파, 마크로라이드 계열로. 항생제는 핵폭탄 같은 대형 제품이다. 원장님이 어느 정도 처방하면 실적이 확 오른다. 하지만 그만큼 경쟁이 치열하고, 원장님이 항생제 부작용을 고려하여 약을 쉽게 바꾸지 않고 유명 제품을 쓰려 한다.

또 소아에 많은 아토피나 기타 피부 질환 치료제를 공략하라. 락티케어 같은 제품을 주로 처방한다. 보통 소아 아토피 환자가 피부과에 가기 전에 소아청소년과를 먼저 방문하므로 소아에게 처방할 피부 외용제가 있으면 공략하라.

소아청소년과는 호흡기 질환 제품이나 시럽류가 많은 제약 회사나 항생제를 잘 갖춘 제약 회사가 공략하면 효과적이다. 또 다른 진료과보다 여자 원장님이 많다. 영유아 검진이나 각종 접종 등으로 신경쓸 일이 많은 원장님을 영업 사원이 판촉물을 챙기며 과 특성에 맞게 공략하면 신규가 어렵지 않을 것이다.

피부과 공략법

피부과 제품은 크게 미용 제품군(보톡스/필러), 비만 치료제군, 외용제군(로션/연고/크림), 경구제군으로 나뉜다. 피부과에서 루틴으로 처방하는 제품이 구비된 제약 회사 영업 사원이 피부과 영업을 집중할 수 있다.

자기 회사가 보톡스와 필러가 주력 제품이면 피부과는 집중 공략 대상이다. 보톡스와 필러 영업은 경쟁이 매우 치열하고 가격 경쟁도 심하다. 수입 제품과 국산 제품의 경쟁도 치열하다. 하지만 신규가 되면 매출이 안정적으로 나온다.

자기 회사에 비만 치료제가 주력 제품이면 피부과는 집중 공략 대상이다. (구)드림파마 (현)알보젠코리아, 휴온스가 대표적인 회사이지만, 최근에는 일동제약의 벨빅, 광동제약의 콘트라브가 비만 시장의 선두권을 차지하고 있다. 비만 치료제 시장은 특정 회사에 집중되는 경향이 있어 자기 회사가 비만 치료제가 주력이 아니면 영업이 어려울 수 있다.

아토피나 무좀 등 피부 질환에 처방하는 로션이나 연고, 크림이 많은 제약 회사는 피부과 공략에 상당히 유리하다. 동구바이오제약과 한국콜마가 대표적인 회사이다. 피부과에는 경구제(먹는 약)뿐만 아니라 외용제(바르는 약) 처방이 굉장히 많다.

경구제 영업을 하려면 자기 회사에 팜시크로버나 발라시크로버, 아시크로버 같은 항바이러스제나 이트라코나졸, 플루코나졸, 터비나핀 같은 항진균제가 반드시 있어야 한다. 또 항히스타민제나 진통제, 스테로이드제 등이 있으면 영업이 상당히 수월하다.

이 밖에도 대상포진 백신이나 레이저 의료기기, 화장품을 영업할 수 있다. 피부과에는 화장품 회사 영업 사원도 자주 와 원장님이나 피부 관리 실장을 만나고 제품을 판매한다.

피부과는 피부에 관련한 환자를 주로 진료하기에 다른 진료과와 달리 취급하는 제품군이 한정된다. 따라서 여러 제약 회사 약을 조금씩 처방하는 것보다 몇 개 제약 회사와 크게 거래하는 경향이 강하다. 이런 탓에 피부과를 공략하려면 다양한 피부 질환 제품을 보유해야 한다. 또 요즘은 시술 위주인 피부과가 많으므로 공략하려는 피부과가 주력하는 진료가 무엇인지 살펴야 한다.

이비인후과 공략법

이비인후과는 호흡기 환자가 가장 많고, 귀 질환과 코 질환 환자가 있다. 진해제, 거담제, 항히스타민, 비염 스프레이, 진통해열제, 항생제, 소염제 등을 공략해야 한다. 자기 회사 제품군에 호흡기 비중이 크고 항생제가 잘 구성되었으면 이비인후과를 공략하기 좋다.

진해제와 거담제는 기침약과 가래약으로 불리는 감기약이다. 약마다 효과가 비슷하기에 병(의)원을 열심히 방문하고 원장님과 친분이 있으면 약을 쉽게 바꿀 수 있으니 먼저 공략하라. 이런 감기약도 중추에 작용하느냐, 말초에 작용하느냐에 따라 효과와 부작용에 차이가 있으니 자기 제품이 어디에 해당하는지 알아야 한다.

항히스타민제는 알레르기 비염 등을 치료하는 약으로 진해제나 거담제와는 달리 원장님이 제품을 보고 처방하는 경우가 많기에 제품력과 디테일로 접근해야 한다. 자신의 항히스타민제가 오리지널인지, 몇 세대 약물인지, 다른 제품보다 어떤 효과가 뛰어난지, 졸음 같은 부작용이 얼마나 적은지, 가격이 어떠한지 등을 알아야 한다.

비염 스프레이는 비염에 걸렸을 때 코에 뿌리는 것으로 이비인후과에서 처방이 많이 나온다. 보통 나조넥스 같은 스프레이를 처방하는데 조금만 처방해도 실적이 확 오르는 핵폭탄 같은 대형 제품이다. 따라서 경쟁이 치열하다.

만약 감기가 열을 동반한다면 진통해열제는 이비인후과에서 루틴으로 처방하는 약이 될 것이다. 루틴 처방이 되면 매출로 바로 연결되니 진통해열제 한 개 정도는 반드시 신규해야 한다.

이비인후과에는 항생제를 잡은 영업 사원이 진정한 승리자이다. 진해제나 거담제를 열심히 처방하는 금액보다 항생제를 적당히 처방하는 금액이 훨씬 크다. 따라서 경쟁이 치열하고 쉽게 바뀌기 어렵다. 항생제는 보통 페니실린, 세파, 마크로라이드 계열이 주로 처방되는데 설사 같은 부작용이 적어야 하고 인지도가 어느 정도 있어야 한다.

이비인후과는 계절적 변동이 크다. 봄, 가을 환절기에 환자가 많고 6~8월은 비수기이다. 기온이 영하로 떨어지는 한겨울에도 환자가 많지 않다. 계절적 요인이 큰 만큼 처방이 최고로 나왔을 때 금액이 큰 제품으로 신규해야 한다. 모든 제품을 신규하려고 욕심을 부리면 안 될 수 있으니 자신 있는 분야에 집중해야 한다. 항생제가 어려울 것 같으면 진해제나 거담제에 초점을 맞춰 공략하고, 자기 회사에 오리지널 항히스타민제가 있으면 항히스타민제를 공략하고, 일성신약의 오구멘틴이나 건일제약의 아모크라처럼 항생제에 자신 있는 제약 회사라면 항생제를 공략하라.

가정의학과 공략법

가정의학과는 환자와 가족에게 지속적이고 포괄적인 의료 서비스를 제공하는 곳이다. 영어로 Family medicine인데 약자로 FM이라 한다. 보통 소아에서 성인까지, 만성 질환, 피부 질환, 호흡기 질환, 물리치료, 수술, 피부 관리, 비만 등 여러 진료 과목을 진료한다. 다양한 연령의 환자가 다양한 질환으로 방문하기에 제약 영업 사원이 다양한 제품을 공략할 수 있고 신규하기가 좀더 수월하다. 따라서 모든 제약 회사가 가정의학과에 집중한다.

가정의학과를 공략하고 싶으면 해당 병(의)원의 환자군을 살펴야 한다. 유독 소아 환자가 많은 곳이 있고, 유독 노인 환자가 많은 곳이 있다. 예를 들어 주변에 소아청소년과가 없고, 가정의학과, 내과, 이비인후과가 있다면 당연히 가정의학과에 소아 환자가 많을 것이다. 이럴 때는 소아청소년과에서 처방하는 맛 좋은 시럽제나 항생제 같은 약을 공략하면 효과적이다. 가정의학과에 물리치료실이 있어 노인 환자가 많은 경우에는 고혈압이나 당뇨 같은 만성질환 약이나 진통제 등으로 공략하라. 한편 피부 관련 시술이 많은 가정의학과라면 피부 질환 약을 공략하라. 항히스타민제나 항진균제, 항바이러스제 같은 약을 공략하면 효과적이다. 확실한 판단이 서지 않으면 언제든지 처방할 수 있는 기본적인 약인 진해제나 거담제 같은 호흡기 제품이나 진통해열제를 공략하라.

정형외과 공략법

정형외과는 다른 진료과와 다른 점이 있다. 다른 진료과보다 규모가 크고, 수술을 많이 하기에 입원실이 있고, 원무과장이 있는 병원이 많다. 원장님과 면담하려면 먼저 원무과장을 만나야 하는 경우가 있다. 원무과장을 통하여 이야기가 잘 통하고, 제반 조건이 충족되어야 원장님을 만날 수 있다. 따라서 신경쓸 것이 많다. 원무과장이 통제를 많이 하고, 까다로운 경우에는 원장님을 만나기가 너무나 어렵다. 종종 신입사원은 이런 점이 어려워 정형외과를 잘 가지 않는다. 물론 원무과장을 거치지 않고 바로 원장님을 만나는 병원도 있다.

정형외과에는 골관절염 치료제, 골다공증 치료제, 소화제, 진통제, 근이완제, 소염제, 주사제 등을 공략해야 한다. 보통 정형외과 원장님은 루틴으로 처방하는 약 패턴이 정해져 있다. 진통제, 소염제, 근이완제, 소화제 등. 이런 제품 가운데 하나를 신규하는 것은 상당히 어렵다. 이런 제품을 모두 보유하였으면 하나로 묶어 공략해야 한다. 따라서 정형외과를 공략하려면 제품 구조가 잘 짜여야 한다. 제품을 하나씩 디테일하는 다른 진료과와는 차이가 있다. 이런 영업을 잘하는 대표적인 회사가 신풍제약과 유영제약이다. 두 회사는 하나로 묶어서 처방할 수 있는 제품군을 갖추었다. 또 LG생명과학도 관절염 치료제로 영업력을 넓히고 있다. 정형외과 영업은 이렇게 특성화된 제약 회사가 유리하다.

정형외과는 입원 환자가 많아 병(의)원이 직접 약을 조제하는 원내 처방도 많다. 따라서 약과 주사제를 직접 병원에 공급해야 한다. 원내 처방에서 주사제는 상당히 큰 매출을 차지한다. 여기서 공급이란 제약 영업 사원이 약을 직접 배송한다는 뜻이 아니라 발주와 수금을 담당한다는 뜻이다.

정형외과는 신경쓸 것이 많고 공략 방법이 다른 진료과와 조금 다르다. 하지만 여러 제품을 묶어 들어가면 매출이 상당히 크고 계절적인 기복 없이 꾸준히 처방이 나온다. 자기 회사에 정형외과 쪽 제품이 많다면 절대로 놓치면 안 된다.

정신건강의학과 공략법

로컬에는 정신건강의학과 병(의)원이 다른 진료과보다 적다. 따라서 정신건강의학과를 주요 목표로 삼아 영업하는 제약 회사와 제약 영업 사원이 많지 않다. 하지만 정신건강의학과는 블루오션이다. 환인제약이나 명인제약 같은 회사는 이런 블루오션을 잘 개척하여 굉장한 매출을 일으켰다.

정신건강의학과를 공략하려면 뇌기능 개선제, 항우울제, 신경 안정제, 알콜중독 치료제, 정신질환 치료제, 수면제, 중추신경 흥분제, 치매 치료제 같은 제품군을 갖춰야 한다. 이런 제품이 없고 호흡기 제품이 주력인 제약 회사 영업 사원이 오면 원장님이 약을 써주고 싶어도 써줄 수 없다. 먼저 자기 회사에 이런 제품이 있는지 확인하라. 환인제약이나 명인제약은 정신건강의학과에서 쓰는 제품이 잘 준비되어 있다.

　정신건강의학과는 약물 치료도 중요하지만 원장님과 환자가 공감대를 형성하는 것도 중요하다. 따라서 진료 시간이 길다. 원장님이 환자와 많은 대화를 나누고 해결책을 모색한다. 제약 영업 사원이 병(의)원을 방문했을 때 대기 시간도 길 수 있다. 보통 사전에 원장님과 면담 예약을 잡고 방문하기도 한다.

　보통 정신건강의학과 원장님은 환자와의 상담에 익숙해진 탓인지 제약 영업 사원 이야기도 잘 듣는다. 면담 시간도 긴 편이다. 하지만 이야기를 듣는 것과 약을 쓰는 것은 별개이다. 정신건강의학과 약물은 신경 계통 약물이라 작용이 굉장히 민감하다. 원장님이 인지도와 효과가 검증된 약을 선호하므로 제품의 효과와 안전성이 입증되어야 한다. 한편 정신건강의학과는 원내 처방과 향정신성 의약품에 해당하는 약 처방이 많아 특별한 관리가 필요하다.